Joachim of Fiore

Enchiridion super Apocalypsim

edited by
Edward Kilian Burger

With the recent proliferation of books and articles devoted to the life and thought of abbot Joachim of Fiore (ca. 1135-1202), the need for a critical edition of his works is becoming increasingly imperative. The *Enchiridion super Apocalypsim* presented here is based on what may be the oldest surviving manuscript of Joachim's writings. This hitherto unedited manuscript contains many of the themes which Joachim would elaborate and modify in his other, later writings.

The base text is ms Aldini 370 from the library of the University of Pavia, collated with ms latin 2142 from the Bibliothèque Nationale in Paris and ms Reginensis latinus 132 from the Vatican Library in Rome. The brief introduction to this edition shows the textual relationship between this version and its later modification and incorporation as the "Liber Introductorius" to Joachim's *Expositio in Apocalypsim*.

The volume concludes with an extensive bibliography, three indices, and a glossary of unfamiliar terms.

STUDIES AND TEXTS 78

Joachim of Fiore

Enchiridion super Apocalypsim

Edited with Notes and Introduction
by
Edward Kilian Burger

PONTIFICAL INSTITUTE OF MEDIAEVAL STUDIES

CANADIAN CATALOGUING IN PUBLICATION DATA

Joachim, of Fiore, ca. 1132-1202.
  Enchiridion super Apocalypsim

(Studies and texts, ISSN 0082-5328 ; 78)
Bibliography: p.
Includes indexes.
ISBN 0-88844-078-2

1. Bible. N.T. Revelation - Criticism, interpretation, etc.   I. Burger, Edward
Kilian, 1939-   II. Pontifical Institute of Mediaeval Studies.   III. Title.
IV. Series: Studies and texts (Pontifical Institute of Mediaeval Studies) ; 78.

BS2825.A2J62 1986   228´.06´7   C86-093490-X

50,372

PRINTED BY UNIVERSA, WETTEREN, BELGIUM

Distributed outside North America by
E. J. Brill, Postbus 9000,
2300 PA Leiden, The Netherlands
Brill ISBN 90 04 07925 4

To commemorate the 75th anniversary
of the foundation of Rockhurst College

Contents

Preface IX
Introduction 1

Enchiridion super Apocalypsim

Sigla 8
Text 9

Glossary 91
Bibliography 97
Index of Biblical Citations 103
Index of Names and Places 107
Subject Index 111

Preface

The pioneering research begun by Herbert Grundmann in Germany and carried forward by Marjorie Reeves in Great Britain has led to a proliferation of books and articles devoted to the thought and influence of Joachim of Fiore. Much has been written about Joachim; few of Joachim's own works are conveniently accessible to the interested reader. Except for two poorly edited, nearly illegible editions printed in the early sixteenth century, there still exists no critical edition of all his major writings. Fortunately, however, a few of his minor works have been critically edited by Ernesto Buonaiuti and others.

The text of the *Enchiridion super Apocalypsim* presented here has never been edited before. It exists in what is perhaps the oldest surviving manuscript of Joachim's works. Because it is also one of Joachim's earliest writings, it can serve as a *terminus a quo* in the attempt to trace the origin and evolution of Joachim's thought.

I wish to thank David Carson and the staff of the Rockhurst College Computer Center for their patient assistance. Special thanks are due to Fr. Lowrie Daly, sj and Dr. Charles Ermatinger of the Vatican Film Library at St. Louis University for help in acquiring microfilm copies of the manuscripts used in this edition. Finally, I am most grateful to the Missouri Province of the Society of Jesus and the Jesuit Community at Rockhurst College without whose support this edition would never have appeared.

Edward K. Burger, sj
Rockhurst College
Feast of Saint Thomas More, 1985.

Introduction

Joachim tells us he wrote the *Enchiridion super Apocalypsim* as a summary introduction to assist in understanding the Apocalypse of St. John.[1] Although the *Enchiridion* is not listed by name among the writings he submitted to the Holy See for approval, Joachim may well have included it as the "Liber Introductorius" attached as a preface to the *Expositio in Apocalypsim*.[2] Scholars generally accept the authenticity of the work, based upon the consistency of its themes with those found in other authentic writings of Joachim. Moreover, there is explicit attribution of this work to Joachim as early as 1255, when a papal commission was set up to examine the orthodoxy of Joachim's teachings.[3] The commission's report, known as the Protocol of Anagni, cites eleven passages from the *Enchiridion*. In three places the Protocol specifically refers to it as the "Enchiridion sive Liber Introductorius."[4] That the *Enchiridion* was originally conceived as a separate work, independent of the *Expositio in Apocalypsim* in which it was later incorporated, may be demonstrated by the existence of the Pavian manuscript (Aldini 370), which begins with the title: "Incipit encheridion abbatis Joachim super apocalipsin." Furthermore, both MS lat. 2142 in the Bibliothèque Nationale, Paris, and MS Reg. lat. 132 in the Vatican Library confirm that it did circulate independently of the *Expositio in Apocalypsim* during the latter part of the thirteenth and fourteenth centuries, since these manuscripts have a colophon which reads: "Explicit enchiridion [encheridion, C] super librum apocalipsis."

The text of the *Enchiridion*, as we have it in the Pavian manuscript (Aldini 370), was begun perhaps sometime between 1183 and 1185 during a visit to the monastery at Casamari.[5] Later, Joachim expanded and

---

[1] See below, ll. 54-57 (fol. 2v).

[2] (Venice, 1527), fol. 1ra. The Venice edition calls what appears on fols. 1r-2v of the Pavian manuscript a "Prologus" and what begins on fol. 2vb of MS Aldini 370 the "Prefatio sive Liber Introductorius."

[3] Heinrich Denifle, "Das Evangelium aeternum und die Commission zu Anagni," *Archiv für Literatur- und Kirchengeschichte des Mittelalters*, ed. Heinrich Denifle (Berlin, 1885), 1: 49-142.

[4] Ibid., pp. 104-105, 122, 133.

[5] Grundmann, "Zur Biographie Joachims von Fiore und Rainero von Ponza," *Deutsches Archiv für Erforschung des Mittelalters* 16 (1960) 539-540. Leone Tondelli, Marjorie Reeves, and Beatrice Hirsch-Reich, eds., *Il libro delle Figure dell'Abate Gioacchino da Fiore* (Turin, 1953), 1: 138, 141. Robert E. Lerner, "Antichrists and Antichrist in Joachim of Fiore," *Speculum* 60 (1985) p. 557, n. 13.

incorporated it into the *Expositio in Apocalypsim* as the "Liber Introductorius." The Pavian version, which forms the base text for the edition presented here, is of special interest because it represents one of Joachim's earliest writings. A comparison of the original *Enchiridion* and its metamorphosis as the "Liber Introductorius," prefacing the *Expositio in Apocalypsim*, reveals significant qualitative as well as quantitative differences. Among other things, as Tondelli has noted, the sharp criticism of the German empire contained in the original version of the *Enchiridion* has been softened considerably in the "Liber Introductorius."[6] One reason may have been that the feared German invader (Henry vi) became the generous benefactor of Florensian monasteries.

The Pavian manuscript, which dates from the early thirteenth century, lacks the chapter headings and paragraph divisions to be found in the "Liber Introductorius" included in the printed edition of the *Expositio in Apocalypsim* done at Venice in 1527. The chapter headings of the Venice edition may serve as a rough outline of the contents of the "Liber Introductorius" and help illustrate the transmutation of the text of the original *Enchiridion*:

Ch. 1:   The one general history contained in the Old Testament and its four special histories;
Ch. 2:   The opening of the letter and the book;
Ch. 3:   The seven seals and their openings;
Ch. 4:   The two persecutions of the time;
Ch. 5:   The three states of the world;
Ch. 6:   The attribution of a harmony to the two Testaments;
Ch. 7:   A second attribution of a harmony;
Ch. 8:   The Antichrist and the dragon, both heads and members;
Ch. 9:   The general parts of the Apocalypse;

---

[6] "L'*Enchiridion* nella sua forma originaria conserva fra l'altro, in pròprio, un brano importante sulla prima origine del sistema di Gioacchino ed una sua difesa: e soprattútto, più decisiva, una vivacità di lotta contro l'impero dei *teutonici* che viene poi a smorzarsi nell'*Introductorius* con frasi e raffronti più ricercati, ma che significano nulla od assai meno. Da quanto è già stato detto e di più si dirà sui rapporti dell'Abate colla politica imperiale e papale nei tempi, gravissimi per la Chiesa, del papato de Alessandro iii ed immediate sussessori, quelle frasi riportano verosimilmente l'*Enchiridion* al primo battaglioro periodo dell'attività dell'Abate." Tondelli, *et al.*, *Il libro delle Figure*, 1: 122.

Elsewhere, Tondelli notes in the same vein: "Altre varianti di maggior rilievo per quanto brevi, esistono nel testo, e ne ho citate due importanti: l'una che chiarisce la prima origine della idea della *concordia* presso l'Abate e l'altra che rileva i rapporti tra lui ed i teutonici che opprimevano la Chiesa. Un confronto più accurato ne rilevera certamente altre...." In "Gli inediti dell'abate Gioacchino da Fiore," *Archivio Storico per la Calabria e la Lucania* 12 (1942) 3-4.

Ch. 10: The example of the Old Testament;
Ch. 11: A second interpretation;
Ch. 12: A double interpretation of the distinction;
Ch. 13: Note a beautiful mystery;
Ch. 14: The distinction of sabbaths;
Ch. 15: The seven parts of the year;
Ch. 16: The division of the eight parts of the Apocalypse;
Ch. 17: What is general and what is special to each order of the saints;
Ch. 18: The perfection of the numbers five and seven;
Ch. 19: The active life represented by Peter and the contemplative life represented by John;
Ch. 20: The meaning of the Fathers;
Ch. 21: Others mysteries concerning the sons of Jacob;
Ch. 22: Peter and Paul reflect the mystery of the Trinity;
[The Venice edition omits a heading for Ch. 23]
Ch. 24: The active life is characteristic of the second state;
Ch. 25: A summary of everything said in this book;
Ch. 26: An epilogue and confirmation of prophecies;
Ch. 27: Why the Lord willed to conceal the body of his mother Mary.[7]

A comparison of the Pavian manuscript with the printed Venice edition reveals four major differences together with minor differences too numerous to list here. The four major differences are: *first*, the section from "Sequetur autem tempus..." (A 12r) through "et consonare sentimus" inclusive (A 22r) is omitted from the "Liber Introductorius," and in its place is substituted: "Et hoc quidem propter duo gomor..." (Venice ed., 5ra) through and including "Nunc de concordia videamus" (Venice ed., 6rb); *second*, the section from "Haec de superbia" (A 29r) through and including "potuit universa vastabit..." (A 41r) is omitted in the "Liber Introductorius" and in its place is substituted: "Haec de rege sexto..." (Venice ed., 8ra) through and including: "animus ad amorem ipsius..." (Venice ed., 14va); *third*, the section from "cujus filii sunt illi" (A 70r) through and including "et intelligi possent" (A 77r) is omitted from the "Liber Introductorius" and is replaced by: "sub qua tamen continentur" (Venice ed., 18va) through and including: "a sirtibus non licet" (Venice ed., 23vb); *fourth*, the *explicit* "in saecula saeculorum. Amen." (A 79v) concludes the Pavian *Enchiridion*, but the "Liber Intro-

---

[7] (Venice, 1527), fol. A1v. The 1964 Minerva reprint omits without explanation much of the front matter of the 1527 edition as originally published, including the Table of Contents.

ductorius" adds an epilogue, beginning "Haec succincte nimis" (Venice ed., 24vb) and ending "ad unam perveniant civitatem." (Venice ed., 26va)[8]

Three of the five manuscripts listed by Marjorie Reeves as containing the *Enchiridion* are collated for this edition.[9] Fortunately, all three manuscripts are almost free of scribal corrections. Paris, Bibliothèque Nationale MS lat. 427, though listed by Reeves, was not used for this edition because it contains only the "Liber Introductorius." Neither was London, British Library MS Harley 3049 used, because it is a mere fragmentary extract of the "Liber Introductorius."

Pavia, Biblioteca Universitaria, MS Aldini 370

MS Aldini 370 (= A) at the University of Pavia is particularly important because it is the oldest known surviving manuscript of Joachim's work, dating from the early thirteenth century.[10] Concerning this manuscript, Denifle wrote: "Unter allen Joachims hss. nimmt diese den ersten Platz ein...."[11] The vellum codex has the format of a small octavo, measuring 155×105 mm. It contains seventy-nine folios of elegant twelfth-century script written by one scribe in single columns of twenty-three lines each. Three blank leaves precede the text. On the second leaf a late seventeenth-century hand has added: "Ex libris fratris Bernardini Strabelli a Mediolano Ordinis Minorum Observantium."[12] Following the title ("Incipit encheridion abbatis Joachim super Apocalypsim"), MS Aldini 370 begins (fol. 1r): "Quam propensioribus studiis a viris catholicis et ortodoxis certatum est...." The text ends: "... et regnabit ex hoc nunc, magis autem ex tunc et usque in secula seculorum amen." Finally, a colophon is added (fol. 79v): "Explicit encheridion abbatis Joachim super Apocalypsim."[13]

---

[8] Thus, by expanding and altering the original *Enchiridion*, particularly in chapters 5-13, 15, and 20-27, the Venice edition represents a substantially new work.

[9] Marjorie Reeves, *The Influence of Prophecy in the Later Middle Ages* (Oxford, 1969), p. 513.

[10] Denifle, Tondelli, and Reeves in the works cited above date the manuscript from the early thirteenth century.

[11] Denifle, "Das Evangelium aeternum," 1: 93.

[12] Fra. Bernardino belonged to the convent of Santa Maria della Pace in Milan in 1712. In 1691 he published a life of San Giovanni da Capistrano. See Filippo Argellati, *Bibliotheca scriptorum mediolanensium* (Milan, 1745), 2: 2 no. 2248.

[13] Luigi de Marchi and Giovanni Bertolani, *Inventario dei manoscritti della R. Biblioteca Universitaria de Pavia* (Milan, 1894), 1: 209.

Paris, Bibliothèque Nationale, MS latin 2142

MS lat. 2142 (= B) from the Bibliothèque Nationale in Paris is a parchment codex measuring 295 × 215 mm and contains 134 folios of script in double columns of thirty-five lines each, except for fols. 103v-104v which are in single columns of thirty-five lines each. The manuscript dates from the end of the thirteenth century with marginal notes added by a fifteenth-century hand. On fol. 133v there is an *ex libris* of the abbey of Bonport in the diocese of Evreux (Normandy). Joachim's *Enchiridion* (fols. 103v-133r) is preceded by two shorter works of his; namely, "A Preface to the Apocalypse" (which Reeves calls "A Short Tract on the Apocalypse") (fols. 96r-99v) and "On the Title of the Book of the Apocalypse" (fols. 99v-103v). The codex also contains several offices from the Breviary, a marriage Mass, Cassian's *Collationes*, Leo IV's *Homilia*, and advice on the monastic life in verse. A title is lacking, although space seems to have been left for one to be added on fol. 103v. The *incipit* (fol. 103v) reads: "Quoniam propensioribus studiis a viris catholicis, et ortodoxis certatum est...." The *explicit* (fol. 133r) is: "... et regnabit ex hoc nunc, magis autem ex tunc, et usque in secula seculorum amen." Finally, a colophon is added: "Explicit enchiridion super librum apocalipsis."[14]

Rome, Bibliotheca Vaticana, MS Reginensis latinus 132

MS Reg. lat. 132 (= C) is a vellum codex measuring 297 × 193 mm and consists of 106 folios in double columns of thirty-seven lines each. In addition to Joachim's "A Preface to the Apocalypse" (fols. 49r-53v), "On the Title of the Book of the Apocalypse" (fols. 53v-58v), and *Enchiridion* (fols. 58v-95r), the codex also contains two sermons of St. Augustine, Honorius of Autun's *Elucidarium* and a miscellany of prophecies. On fol. 48r the scribe has written: "Anno domini MCCCXLVI isti quaterni sunt scripti, per manus Conradi, indignissimi eruditoris parvulorum scole Pilgrimensis civitatis." Wilmart identifies "Pilgrimensis" as Pilgram or Pelhrimov in Bohemia.[15] What appears to be an abbreviated title ("Super Apocalypsim") occurs on fol. 58va. The *incipit* follows (fol. 58v): "Quoniam propensioribus studiis a viris catholicis et ortodoxis certatum est...." On fol. 95r the *explicit* reads: "... et regnabit ex hoc nunc, magis autem ex tunc et usque in secula seculorum amen." The manuscript

---

[14] Bibliothèque Nationale, Département des manuscrits, *Catalogue Général des Manuscrits Latins* (Paris, 1940), 2: 336-337.

[15] Andreas Wilmart, *Codices Reginensis Latini* (Vatican City, 1937), 1: 308-310.

concludes with the colophon: "Explicit encheridion super librum
apocalipsis. amen."

A portion of BV, MS Reg. lat. 132 (fols. 49r-53v) was collated with BN, MS
lat. 2142 (fols. 96r-103r) by the German scholar Johannes Huck and
published as an appendix to *Joachim von Floris und die joachitische Literatur.*[16] What Huck mistakenly called the *Enchiridion* was in fact what is
called here "A Preface to the Apocalypse" and "On the Title of the Book
of the Apocalypse." The title *Enchiridion* does not appear at the beginning
of either BN, MS lat. 2142 or BV, MS Reg. lat. 132. The title does occur in
both colophons from which Huck seems to have concluded that all of the
preceding material was the *Enchiridion*. If Huck had been aware of the
existence of MS Aldini 370, he would have seen his error.[17]

For the edition presented here MS Aldini 370 (= A) has been used as the
base text. The other two manuscripts, MS latin 2142 (= B) and MS
Reginensis latinus 132 (= C), provide the variant readings. Aldini 370's
foliation has been noted in the margins of the text. Spelling and
capitalization of proper names and places have been standardized.
Paragraphs and punctuation have been added by the editor.

[16] Johannes Huck, *Joachim von Floris und die joachitische Literatur* (Freiburg i.B.,
1938), pp. 287-306.
[17] Reeves, *The Influence of Prophecy*, p. 513; Tondelli, "Gli inediti dell'abate
Gioacchino," pp. 3-4.

Joachim of Fiore

Enchiridion super Apocalypsim

Sigla

A = Pavia, Biblioteca Universitaria, MS Aldini 370.

B = Paris, Bibliothèque Nationale, MS latin 2142.

C = Rome, Bibliotheca Vaticana, MS Reginensis latinus 132.

[ ] = words omitted by the editor.

⟨ ⟩ = words supplied by the editor.

Incipit Enchiridion abbatis Joachim super Apocalypsim.

Quam propensioribus studiis a viris catholicis et orthodoxis certatum est, ut lactentis et adhuc rudis ecclesiae fundamenta jacerent, et ejus Deo dicatam infantiam lactis potu nutrirent, illorum quae per cursum temporum ad nos usque derivata sunt opera, coelestium doctrinis uberum 5 fecundata testantur. Talia nempe illos tunc temporis oportebat docere, talia duce Spiritu suggerente describere, qualia lactenti et parvulae expertique a cibo solido expedire didicerant. Cum vero hanc adultam et aptam matrimonio cernerent, majora illi ostendere sacramenta coeperunt, majora promittere et conferre, quibus ablactata diutius solidi ac perfecti 10 cibi experiretur dulcedinem, et relicto praeceptorum Christi incohationis sermone, ad perfectionem ferretur. Postremo impenderunt illi unguentorum charismata, vestes pretiosas, quibus sacra membra contegeret, inaures et armillas, et omne quod pertinet ad ornatum.

Quid a modo nos impendere possumus, tam meritis extremi quam 15 tempore, tanta donorum copia jam praemissa? Nil fateor in hac parte, nil nobis necessitatis incumbit, sed superest onus aliquod quod portare nos ultimi debeamus. Exhortanda est / a nobis ut audiat; exhortanda ut videat; fol. 1^v exhortanda ut ad se redeat, quaerens unum, quae se ipsam circa plurima occupata deseruit. Exhortanda, inquam, exhortanda ut redeat, ut vigilet 20 et secum sit, ut inclinet epithalamiis aurem suam. Et quia tempus nuptiarum urget, obliviscatur populum suum, et domum patris sui. Accensisque lampadibus ingrediatur ad nuptias. Neque enim coelorum rex illius poterit concupiscere torum, nisi et ista sponsi thalamum concupiscat, quia nec sunt legitimae nuptiae, in quibus pars altera non consentit.[1] 25

"Qui amat," inquit Dominus, "patrem aut matrem plusquam me, non est me dignus."[2] Quod si ita est, immo quia ita est, nec prodest sponsae

---

1 Incipit ... Joachim *om.* C; Incipit ... Apocalypsim *om.* B   2 Quam: Quoniam BC
4 cursum: cursus BC   6 illos ... docere: tunc temporis eos oportebat dicere BC
8 didicerant: didicarunt C   9 sacramenta *om.* BC   15 possumus: poterimus BC
17 nobis *om.* BC   18 exhortanda *om.* BC   19 exhortanda *om.* BC; unum: unde BC
20 inquam, exhortanda: est C; exhortanda²: est B   21 et: ut BC   24 ista: illa BC
25 non: nec B

[1] "Ubi non est consensus utriusque, non est conjugium." Gratian, C.30 q.2 (PL 187: 1442).
[2] Matt. 10:37.

pulchritudinis decor, nisi populum et patriam suam sponsi gratia spernat,
nimirum quia vel sponsum non amat, vel alter ab ea qui non est sponsus
30 diligitur. Persuadenda est modis omnibus tantam vitare infamiam, ne
toro—quod absit—regio comprobetur indigna. Sed quibus eam sermo-
nibus persuadere quis poterit, quae praesentia pro futuris, cognita pro
incognitis, parentes et vicinos quos novit, pro sponso et patria quorum
gloriam nescit, relinquere sicut inexpertum habet, ita impossibile putat,
35 praesertim cum non aestimet tempus nuptiarum instare?

fol. 2ʳ   Non parvus labor / iste est, qui nobis his diebus incumbit. Sed ad haec
quis idoneus? Forte etenim qui posset spernit, qui cuperet nescit; cui
cultus sermonis inest, scientia deest; cui scire conceditur, dicere opportune
negatur. Sic ergo nullus idoneus. Sed num omnes pariter excusati? Habet
40 qui nescit, si tamen non parvipendit vel negligit, aut plenam, aut qua-
lemcumque excusationis fiduciam; nullam, aut quasi nullam, cui datum
est cognoscere vel ex parte. Sed num quia istud dico, alterum mihi e
duobus attribuo, ut scientiae mihi titulum arrogare praesumam? Minime.
Sed qui me prorsus in altero insufficientem profiteor, in altero judicium
45 pertimesco. Quia et si me scientem esse non nisi insipienter crediderim,
ignorare tamen quod loqui teneor, non nisi mendaciter excusabo. Loquar
ergo prout potero, sin minus, nutibus indicabo. Immitabor animal brutum,
et si homines nequeo, aut certe mutum hominem, qui nutibus quae viderat
innuebat.
50   Defecisse mundi gaudia, imminere pressuras, coelorum regnum adesse
in januis, et si sermone, ut praefatus sum, rustico, certis tamen et ne-
cessariis probare me posse arbitror documentis, si tamen ille affuerit qui
praesumentes de se ipsis irridet, et linguas parvulorum, cum sibi placet,
fol. 2ᵛ   facit disertas.³ / Illud tamen lectorem moneo libri hujus ubera sitientem,
55 ut sic ex eo plenum se capere intellectum confidat, si in eo intentus et
integer et sine vocis strepitu meditetur, et subscriptae introductionis sum-
mulam lectitare non pigeat, in qua totius libri continetur materia.
     Universa historiarum nemora quae vetus Testamentum obumbrant, in
quinque portionibus dividuntur, quarum una generalis est, quattuor spe-
60 ciales. Una est enim rota, quattuor habens facies. Una est generalis historia, cui quattuor speciales junguntur. Generalis historia illa est, quae a

---

29 qui ... sponsus *om*. B   30 vitare: devitare BC   34 gloriam: gloria C   37 nescit: spernit A   39 num: non BC; pariter *om*. BC   42 num: non B   47 minus:
autem BC   54 tamen: autem BC; sitientem: scientem C; sic: si BC   55 si: sit BC
61 illa *om*. C

³ Henry Mottu, *La manifestation de l'Esprit selon Joachim de Fiore* (Neuchâtel, 1977),
p. 26, n. 2.

mundi principio usque ad librum Esdrae recto cursu dirigitur. Et haec quidem patriarcharum primo, secundo Judicum, tertio Regum chronicas servat, habens quidem unam narrationis seriem sed scriptores diversos, eo quod morte diu prohiberentur permanere. Quattuor vero historiae spe- 65 ciales et parvae sunt, quarum prima est Job, secunda Tobiae, tertia Judith, quarta Esther. Illa ergo rota, istae facies. Et quidem harum duae minus apud Hebraeos canonicae, ut ait sanctus Hieronymus, judicantur; sed non apud ecclesiam cui Spiritus testimonium reddit.[4]

Pro quattuor autem historiis, quattuor evangelia data sunt; non sine 70 munimento / concordiae, nec sine testimonio veritatis et Spiritus. Illud   fol. 3ʳ vero ante omnia discreta ratione pensandum, quod primus evangelista et ultimus, Matthaeus scilicet et Joannes, apostoli sunt Christi Jesu, et visa potius quam audita referunt; duo vero medii Marcus et Lucas, non apostoli sed apostolorum discipuli, et nequaquam visa sed audita describunt. Sicut 75 ergo apud nos, si humano libraretur judicio, majoris auctoritatis esse quis diceret, quod apostoli visa, quam quod apostolorum discipuli non visa sed audita scripserunt, ita historiarum quattuor, primae et ultimae majorem Judaei auctoritatem dederunt, Job scilicet et Esther, quam duabus mediis Tobiae et Judith. Sed hoc nequaquam dixerit archani speculator 80 eloquii, et qui in eis spiritualem et mysticum esse percipit intellectum. Numquam enim historias ipsas tam clara et tam notoria perlustrarent mysteria, si eas digitus Dei sicut et ceteras non scripsisset.

Sicut autem pro illis quattuor, quattuor evangelia data sunt, quasi in medio rotarum rotae, et quasi in monumento Christi linteamina posita, 85 ita pro historia generali liber Apocalypsis datus est, de quo non immerito dictum esse crediderim, et sudarium quod fuerat super caput Jesu, non cum linteaminibus positum, sed separatim involutum erat in unum lo- cum, / ut prophetia ex integro compleretur, quae dicit: "Et similitudo   fol. 3ᵛ rotarum et opera, quasi sit rota in medio rotae."[5] Est ergo rota prima et 90 major ceteris generalis illa historia, seu magis historiarum librorumque congeries, quae ab Adam usque ad Esdram per successionem protenditur, post quem scriptores sacrorum voluminum sabbatizasse noscuntur. Sane rotae hujus exterioris liber iste Apocalypsis rota interior factus est, tendens

---

62 mundi: incohata *add.* BC   63 quidem: quia BC; Judicum: judicium C   67 istae: hae BC   73 ultimus: ulterius B   75 et *om.* BC   79 Judaei: Judaeorum pres- byteri BC   81 esse *om.* A; percipit: percepit C   82 ipsas: quas B   84 quattuor² *om.* BC   85 Christi *om.* BC   92 quae *om.* C   93 sabbatizasse: sabbatizare C 94 tendens: tamen dicens (dominus?) BC

[4] St. Jerome, *Praefatio in librum Tobiae* (PL 29: 23-24); *Praefatio in librum Judith* (PL 29: 37-40).
[5] Ezech. 1:16; Mottu, p. 111.

95 usque ad finem saeculi, et pertransiens finem, revelans mysteriorum ab-
    dita, quae in illa prima rota latebant.
        Quocirca non immerito Apocalypsis dictus est liber iste, eo quod oc-
    culta detegat et revelet archana. Est enim clavis veterum, notitia futu-
    rorum, signatorum apertio, detectio secretorum. Magna est et singularis
100 sacri hujus praerogativa voluminis, quia magnus est Dei Spiritus, qui in
    eo aperte loquitur voces suas. Per hoc enim quod librum istum septenarius
    totus possidet numerus, quam familiaris sit ei qui donorum septem largitor
    est innotescit. Nec mirum si liber iste a coeli camerario scribitur, cui
    recumbenti supra pectus Domini, archana speculari mysteria et de torrente
105 Spiritus sancti abundantius bibere datum est, ut in se specialius completum
    esse probaret, quod generali promissione ex ore veritatis processisse tes-
    tatus est, dicens: "Qui sitit, veniat et bibat, et de ventre ejus fluent aquae /
fol. 4ʳ vivae."[6]
        Si enim amorem Christi, Spiritum sanctum, a Patre et Filio proceden-
110 tem, tam pie quam catholice credimus, quid aliud intelligendum dicimus,
    quod se Christi dilectum Joannes ipse commemorat, nisi ut gratiarum
    fluenta abundantius se de pectore Christi exhausisse testetur? Quod ergo
    ipse bibit hoc tandem propinavit electis, aquam scilicet vivam, quam ipse
    de vitae fonte potaverat. Sunt enim aquae vivae spirituales scripturae,
115 non atramento et calamo in papyro depictae, sed in libro humani cordis
    virtute sancti Spiritus exaratae. Tales ergo scripturae inspiratae divinitus
    productae ex cordis puteo fluunt, ex quibus greges dominici largiter et
    jugiter adaquantur. Hae non terrarum jugera, sed aridarum saepe mentium
    prata rigant, et sitientium corda hominum fructuum ubertate fecundant.
120   Et hoc quidem generale est omnium. At de libri praerogativa hujus
    quid dixerim, in quo coelestis fluminis impetus laetificans civitatem Dei,
    septem meatuum plenitudine fervens, ad irrigandam omnem terram abun-
    dantius nobis ex Joannis ventre profluxit? "Beatus," ait, "qui legit et
    qui audit verba prophetiae hujus, et servat ea quae in ea scripta sunt."[7]
125 Non enim haec prophetia qualiscumque est, sed omnium aliarum, si sane
fol. 4ᵛ sapimus, prophetia, utpote / quae omnes paene alias comprehendit in
    unum, et quod eo majus est, comprehendit et aperit.

---

98 revelet: revelat C   98-99 notitia ... apertio: notitia signatorum, apertio futurorum BC   104 recumbenti: in cena *add*. BC   112 Quod: Quid B   115 in[1]:
non A   117 greges: gurgites BC   121 coelestis: plenitudinis *add*. BC
122 plenitudine: plenitudinem C   124 audit: audiunt BC; servat: servant BC
127 majus: magis A

[6] John 7:37-38.
[7] Apoc. 1:3.

Aliae namque prophetiae aut pauca aut obscura protulerant specialium populorum bella in typo futurorum tangentes, haec generaliter occulta reserat, patefacit archana, solvit signacula, tenebrosa illustrat. Mirum 130 istud, sed alterum mirabilius. Ita ecclesiastica proelia summatim et seriatim prosequitur, ita per curricula temporum ordines et bella distinguit, ut tamen a veteribus non discordet, ostendens in ecclesia compleri quaecumque in Hebraeorum populo in figura praecesserant nec confuso id ordine factum esse, ut prima ultima et ultima prima scribantur, ac per 135 hoc lector ipsius difficultate sibi facta diffidat; sed ut futura erant per tempora succedentia sibi scripta esse non dubitet, ita tamen ut partes singulas prout infra ostendimus distinguat, et in singulis sex partibus recapitulatio fiat. Quia tamen hoc ipsum quod clarum est, nescienti libri materiam minus claret, non parva praefatione lectorem indigere perpendo, 140 per quam reserata janua pateant omnia quae in domo sunt, et prius quo pergat videat, quam ut videat per incognita pergat.

Omnes libri historici quos, Moyse inco/hante, antiqui patres scripse-   fol. 5r runt, in quibus ab exordio temporum usque ad Esdram gesta mystica scripta sunt, sub generali quodam libro collecti erant quando Christus 145 venit in mundum, septem involuto signaculis, in cujus solutione palma nemo dignus inventus est, ut testatur in hoc libro Joannes, nisi ille qui mortis regnum moriendo exsuperans, leonis fortitudinem resurgendo calcavit. "Ecce," inquit, "vicit leo de tribu Juda aperire librum, et solvere septem signacula ejus."[8] Libri ergo hujus tam magna tam archana mys- 150 teria soli morienti ac resurgenti Domino aperire donatum est, quia videlicet et moriente Christo litterae vis quae occidebat interiit, et spiritualis intellectus qui vivificat vixit. Erat enim ut quidam tumulus liber iste signatus, in quo vita jacebat mortua, ne mortuis donum vitae praestaret. Ubi autem vita, Christus, resurrexit a mortuis, vitalis intellectus qui la- 155 tebat prodiit, et quasi cujusdam floris species de scripturae monumento processit.

Disputat circa ista in epistola ad Romanos apostolus, et inter multa quae de lege et gratia discernendo conscripsit, cur in apertione libri seu leonis victoria seu vitae / resurrectio commendetur, verbis haec eadem 160 fol. 5v

---

128 protulerant: protulerunt BC; specialium: spiritualium C   130 patefacit: patefecit BC   132 ordines: orationes BC   133 in ecclesia: et occulta oportere BC 137 tamen *om*. BC   138 sex: quinque BC   140 parva: prava B   141 quo: quod B 146 involuto: involutum BC   147 nisi: ut BC   148 moriendo: moriendae C 149 vicit: vincit C   158 circa: cuncta BC   159 discernendo: decernendo BC; libri: et *add*. B

[8] Apoc. 5:5.

continentibus aperit, dicens: "Consepulti sumus cum Christo per baptismum in mortem, ut quomodo resurrexit Christus a mortuis per gloriam
Patris, ita et nos in novitate vitae ambulemus."⁹ Et quia litterae vetustas
ad mortem, Spiritus novitas pertinebat ad vitam, quibusdam interpositis
165 subsecutus est, dicens: "Nunc autem soluti sumus a lege mortis in qua
detinebamur, ita ut serviamus in novitate Spiritus, non in vetustate litterae."¹⁰ Et post aliqua: "Quod impossibile erat legi, in quo infirmabatur
per carnem Deus Filium suum mittens in similitudinem carnis peccati,
de peccato damnavit peccatum in carne, ut justificatio legis impleretur in
170 nobis qui non secundum carnem ambulamus, sed secundum Spiritum."¹¹

Quis est enim qui pro robore Spiritus resurrexit a mortuis, nisi is qui
pro carnis infirmitate agno tamquam occiso similis esse perhibetur? Si
enim mactandae ovis debilitas carnis infirmitatem praenotat, quid insuperabilis fortitudo leonis, nisi triumphatoris Spiritus majestatem designat?
175 Inde est quod Samson ille fortis, quandiu sibi Spiritus fortitudinis affuit,
fortitudinem superavit leonis, cum vero amore carnis in culpam prolapsus
est, ne ut semel secundo et tertio inimicis resisteret, virtute Spiritus /
fol. 6ʳ privatus est.¹² Quia igitur in morte Christi carnis infirmitas, ut ita dicam,
infirmata interiit, et antiquae vetustas litterae consummationem accepit,
180 in resurrectione autem novitas Spiritus et fidei fortitudo surrexit, recte
libri apertio in leonis victoria, recte in resurrectione Christi sigillorum
solutio designatur. Tunc enim aperuit discipulis suis sensum ut intelli-
gerent scripturas.

Erat igitur Testamentum vetus a Jacob patriarcha usque ad Christum,
185 septem involutum sigillis, quia septem specialia proelia temporibus et
figuris distincta, sub eodem Testamento scripta sub eodem consummata
leguntur, in quibus ecclesiastica bella et spiritualia sanctorum bella la-
boresque signantur. Aperit ergo librum Christus qui magister est omnium,
aperit qui ligavit, et signacula solvit, sicut in angelo Philadelphiae de eo
190 inter cetera scriptum est: "Haec dicit Sanctus et Verus, qui habet clavem
David; qui aperit, et nemo claudit; claudit, et nemo aperit."¹³

161 Consepulti: Cum sepulti B; cum *om.* BC   162 mortem: morte BC   162-
163 per gloriam Patris *om.* BC   167 quo: qua BC; infirmabatur: infirmatur C
168 similitudinem: similitudine A   173-174 insuperabilis: insuperalis A
174 majestatem: magestatem A   177 inimicis resisteret: insisteret inimicis BC
182 solutio: resolutio BC; designatur: dedicatur B, deducatur C   185 specialia: spiritualia C   187 spiritualia: specialia B; bella: proelia BC   189 in *om.* B

⁹ Rom. 6:4.
¹⁰ Rom. 7:6.
¹¹ Rom. 8:3-4.
¹² See Judg. 13-16, esp. 14:5-9 and 16:4-31.
¹³ Apoc. 3:7.

Sed frustra signaculorum septem quaerimus solutionem, nisi prius ipsa sigilla quae librum involvebant agnoscimus. Septem quidem sunt sigilla quibus signatus erat. Sed aliquid interest quod notari oporteat. Quinque sane illorum uniformia sunt; sextum et septimum dissimilia. Sunt enim 195 simplicia quinque; sextum duplex; septimum sabbatizat. Quod si ita est, immo quia ita est, / ergo in sex signaculis labor est aliquis intelligendus.   fol. 6ᵛ Sex itaque sigilla, sex sunt tyrannica bella, a tempore Moysi usque ad Esdram, sive ut certiorem praefigamus terminum, usque ad Alexandrum regem, in sex temporibus consummata, et in sacris codicibus a prophetis 200 conscripta. Septimum vero bellum in septimo quidem tempore, hoc est, sabbato peractum est, videlicet sub Antiocho rege, quod legitur in libris Machabaeorum.

Sed tamen libri ipsi mystici nequaquam sunt, ut cetera prioris Testamenti volumina, et ideo a mysticarum canone scripturarum secundum 205 aliquid seclusi sunt. Non enim oportebat illo in tempore quo sabbatum erat, scripturam mysticam iterum scribi, alioquin recte sabbatum dici non posset. Et ideo in sexto tempore praescripta a Daniele propheta, ut quasi duo mannae gomor sub sexto signaculo legerentur, quamvis multa sint in eis quae valeant mystice perscrutari, quia et si ut cetera scripturarum 210 volumina authentici libri ipsi non sunt, ab ecclesia tamen pro aedificatione recipiuntur et leguntur, praesertim cum in eisdem libris illud juxta litterae superficiem ostendatur esse completum, quod propheta longe ante praedixerat, regnaturum videlicet esse regem impudentem facie, et intelligentem propositiones, qui supra quam credi posset universa va/staret.¹⁴   215 fol. 7ʳ

Denique et in lege non prohibebantur Judaei colligere quod sponte profert humus ut esset eis in cibum, sed ne meterent agrum, aut uvas colligerent quasi vindemiam.¹⁵ Metere namque agrum est de universa historiarum segete spicas spirituales, hoc est, intelligentias mysticas de stipulis historiarum ubertim et seriatim colligere. Et hoc quidem facere 220 per sex tempora licet. In septimo autem non licet, quia annus, inquit, requietionis est Domino; quia cum omnia, juxta quod legitur, tempus habeant, et omnis servilis conditio libertatem affectet, justum et pium visum est apud misericordiae Patrem, ut qui sex temporibus affligit populum suum, et tam interioris hominis exercitatione quam corporis affli- 225 gendo instituit, eruditum tandem tentationibus ad justitiae libertatem perducat.

193 agnoscimus: agnoscamus BC   194 quibus: liber *add*. BC   202 quod: qui A; libris: libro BC   210 in eis *om*. BC; valeant: valerent BC   213 ante *om*. A 214 regem *om*. A   216 Denique: Deinde B; quod: quae BC   221 inquit *om*. BC

¹⁴ Dan. 8:24.
¹⁵ See Lev. 25:5.

Si autem labor quem designat Lia in doctrina est, quid per otium et
quietem Rachelis, nisi contemplatio designatur? Laborat quippe illa in
230 quaerendo quod diligat. Ista requiescit speculando quod amat. In sex
igitur annis, sex tempora laboriosa designata sunt. In septimo tempus
libertatis et otii, non quod et ipsum flagellum suum circa finem non habeat,
cum scriptum sit: "Percutiam vos septies propter peccata vestra,"[16] sed
fol. 7ᵛ   quia doctrina, quae de flagello septimo / colligenda erat, in sexto repo-
235 nenda erat in veteri, quatinus in sexto tempore aperiretur in novo. Quod
bene quoque in illis sabbatis designatum est, in quibus proeliatae sunt
gentes contra Israel, nolentem se parare ad resistendum, et mortui sunt
ex eis usque ad animas mille. Unde et Veritatis voce in evangelio dicitur:
"Orate ut non fiat fuga vestra hieme vel sabbato,"[17] subauditur, sicut
240 multorum erit.

Ut autem filii Israel ascendentes ex Aegypto, de manna quod illis
Dominus mittebat singula gomor in die per personas singulas singulis
dierum quinque colligere jussi sunt, sexto vero die in duplum, hoc est,
simul duo gomor: unum videlicet pro die sexto, alterum pro die sabbati,
245 quo operari et colligere non licebat;[18] ita in sexto tempore gesta mystica
ipsius temporis in libro collocata sunt, et nihilominus quae futura erant
in septimo praeostensa et praescripta sunt; aperienda nihilominus utraque
in hoc tempore sexto.

Quocirca in septimo tempore non erat tondendus ager quasi messio,
250 aut uva quasi vindemia colligenda de his quae sponte profert humus, sed
de eo aliquid velut in cibum libere carpendum, quia hujusmodi historiae
veteres, quae veluti humana voluntate et arbitrio septimo tempore conditae
fol. 8ʳ   sunt, non ita sunt, per singulas par/tes mystice demetendae, sicut illae
quae in sex temporibus conditae sunt. Si in eis mysticum quid occurrerit,
255 acsi flos de prato carpatur e medio et assumatur in cibum. Ceterum
intactum, ut est in agro Domini, relinquatur; et aedificandi gratia historice
coram plebe legatur.

Et sciendum quod in sexto tempore non solum usque ad sabbatum
intellectus extenditur, verum etiam usque ad octavum, quia tria simul
260 mysteria tempore sexto conveniunt: primum, quod pertinet ad sextum
tempus; secundum, quod pertinet ad septimum; tertium, quod pertinet ad

237 parare: praeparare C   238 et *om.* BC   239 hieme: hymne A   241 ex: ab
BC   246 collocata: collecta BC; nihilominus: non minus BC   253 mystice *om.* A
253-254 illae quae: ille qui C   259 octavum: octavam A

[16] Lev. 26:24.
[17] Matt. 24:20.
[18] See Ex. 16.

octavum. Unde et illic subditur: "Si dixeritis: Quid comedemus anno septimo, si non seminaverimus, neque collegerimus messes nostras? Dabo vobis benedictionem meam anno sexto, et faciet fructus trium annorum; seretisque anno octavo, et comedetis veteres fruges usque ad nonum 265 annum; donec nascantur nova, vetera comedetis."[19]

Quasi etenim fructus trium annorum in anno sexto collectus est, quando in sexto tempore, quod superius scripsimus, in tribus visionibus Danielis, quid futurum esset in tempore sexto, quid in septimo, quid in octavo, tunc quidem complenda ad litteram, nunc quoque in Spiritu, demonstra- 270 tum est. Harum prima fuit, quae agit in fine de cornu illo undecimo, quod regnaturum est in tempus et tempora, et dimidium / temporis; quod   fol. 8ᵛ quidem et si futurum fore visio ipsa manifeste demonstrat, aliquid tamen tunc accidit, quod esse simile videatur sub Nabuchodonosor rege Assyriorum. Nec mirum. Dictum est a Domino regi David, quod filius qui 275 nasceretur ex lumbis ejus, aedificaret templum Domino vice patris.[20] Quod utique de Christo dictum par est, et una omnium catholicorum sententia. Et tamen ad litteram Salomon e medio fratrum consurgens, templum manu factum aedificavit, ut spiritualibus rebus non modo verba, verum etiam opera mystica testimonium perhiberent. 280

Secunda trium visionum illa est, quae loquitur de hirco caprarum, de quo tandem cornu unum parvulum egressum est, quod usque ad fortitudinem coeli elevatum est, ita ut de fortitudine et de stellis eiceret.[21] Et hoc quidem pari modo ad litteram completum est, nec tamen completum videmus, quod ibi promissum fuerat de abolitione peccati et justitia sem- 285 piterna, nisi secundum partem. Secundum vero totum, non nisi in statu suo complebitur.

Verumtamen quia in hac tertia visione de unctione Christi agitur, quae futura erat post hebdomadas septem, et rursum aedificandam esse civitatem in angustia temporum, et post hebdomadas septuaginta duas oc- 290 cidendum esse Christum, et negandum / a populo cum duce venturo, et   fol. 9ʳ finem ejus vastitatem, et post finem ejus destitutam desolationem, et illud quod in fine concluditur, in templo erit abominatio desolationis, et usque ad finem et consummationem perseverabit desolatio, non videntur velle

---

262 illic: illuc **BC**   264 fructus: fruges **BC**   270 complenda: complendum **BC** 271 agit: ait **C**   290 septuaginta: sexaginta **BC**   292 desolationem: desolutionem **C**   293 concluditur: excluditur **BC**

[19] Lev. 25:20-22.
[20] See 2 Kings 7:11-13.
[21] See Dan. 8:9-10.

295 verba ista, ut tribulatio secunda quae facta est sub Antiocho, sabbatum
illud magnum respiciat, quod in tertio statu futurum est, sed aliud quod
sabbatum illud praecessurum est.

Ac per hoc non absolute in sabbatum, quod erit tempus gaudii, reputandum est, quasi pro illa tribulatione videtur quod erit in fine, sed
300 alio modo accipienda est. Sicut enim duos illos dies, qui praecedunt
Pascha, in afflictione peragimus, feriam scilicet sextam et sabbatum, et
sub una sexta hebdomada continentur, ita duae tribulationes quas ponit
Daniel sub sexto septimoque signaculo, veluti sub una sexta hebdomada,
sub uno sexto tempore colligendae sunt. Et hoc quidem non ex qualitate
305 temporis, sed ex miseratione conditoris, qui sicut ex multis locis ostenditur, propter electos suos breviora facit tempora luctus, tamquam si a
debentibus sextam hebdomadam exigeret diem sextum, aut a debentibus
fol. 9ᵛ   septimam diem septimum, juxta quod legitur in Ezechiele propheta, dicen/
te Domino: "Diem pro anno dedi tibi."[22]
310   Duo igitur dies isti, quinimmo duo tempora designata per ipsos pro
duabus hebdomadibus reputantur, et in ipsis complendae sunt duorum
sigillorum apertiones, veluti sub uno tempore sexto sicut duo illa mannae
gomor, quorum unum pertinebat ad sabbatum, sexto die simul collige-
bantur, ut nullus deinceps labor haberetur in sabbato. Sicque fit, ut heb-
315 domada Paschae quae septima est a prima quadragesimae, alio genere
octava sit, et pro octava miro modo accipiatur, sicut et pars septima libri
alio genere octava est, pro eo quod sexta pars libri gemina est, sicut et
tempus sextum, non solum quia tempus seminis et otii comprehendit in
unum, verum etiam quia tempus ipsum seminis duplex est.
320   Nam et dies in quo passus est Dominus duplex fuit, quia bis in eo
facta est nox, primo scilicet pro cursu temporis, secundo praeter legem
naturae. Sic et in illo loco ubi agitur de regno bestiae quae percussura
est Babylonem, usque ad eum locum ubi cantatur a sanctis omnibus
alleluia, pro nocte illa in qua traditus est Christus Dominus accipiendum
325 est. Ex eo autem ubi dicitur: "Vidi coelum apertum,"[23] et paulo post:
"Vidi bestiam, et reges terrae, et exercitus eorum congregatos ad fa-
fol. 10ʳ   ciendum proelium cum illo qui sedebat in equo, et cum exercitu ejus,"[24] /

295 Antiocho: Athiaco C   296 sed: id est BC   299 videtur, quod: quae BC
300 accipienda: accipiendum BC   306 facit: fecit C   310 quinimmo: qui
immo B   311 in om. A   320 Dominus om. BC; duplex om. C   324 Dominus om.
BC   325 autem om. BC

[22] Ezech. 4:6.
[23] Apoc. 19:11.
[24] Apoc. 19:19.

usque ad eum ubi agitur de incarceratione Satanae vel paulo superius, pro illis
tenebris accipiendum est quae factae sunt ab hora sexta usque ad horam
nonam, in quibus horis Christus Dominus crucifixus est. Et fortasse mediante 330
hora nona tradidit spiritum, ut tribus horis et dimidia suspensus in patibulo
fuisse credatur, ut intelligatur illud quod de cornu undecimo in Daniele
scriptum est: "Putabit quod possit mutare tempora, et leges; tradentur in
manu ejus in tempus et tempora, et dimidium temporis."[25] Ex qua re et illud
intelligi posse datur quod dicitur: "Vidi unum de capitibus ejus occisum quasi 335
ad mortem, et plaga gladii ejus curata est."[26]

Duo namque proelia adversus ecclesiam sub sexto signaculo notata
sunt, primum in rege Assyriorum et principe ejus Holoferne,[27] secundum
sub Aman Agagita qui legitur in libro Esther, aut si duo ista proelia
communem unius temporis procellam insinuant, pro eo quod liber Apo- 340
calypsis bestiam ascendentem de mari, et bestiam ascendentem de terra
in unum convenire demonstrat, fieri potest ut praesens tribulatio in bestia
ascendente de mari designata, praevalente gladio Christi usque paene ad
defectum deveniat, et rursum per draconis astutiam rediviva resurgat,
eique pseudo-prophetarum turba as/sociata praevaleat, ita ut animata per 345 fol. 10ᵛ
illam deteriora faciat, quam fecisse antea videbatur. Unde et in eodum
libro scriptum est: "Vidi de ore draconis, et de ore bestiae, et de ore
pseudo-prophetae, spiritus tres immundos exire in modum ranarum. Sunt
enim spiritus daemoniorum facientes signa, et procedunt ad reges totius
terrae congregare illos in proelium ad diem magnum Dei omnipotentis."[28] 350
Verum hoc ad extremum quando caput jam paene mortuum vivificari
incipiet.

Satis enim clare ostenditur, duo ista ingentia proelia in sexta parte libri
hujus secundum quod praediximus affutura. Primum denotandum est circa
exordium sextae partis, in loco illo ubi de regibus et bestia dicitur: "Hi 355
cum Agno pugnabunt, et Agnus vincet illos."[29] Secundum in sequentibus
partis ejusdem ex eo loco ubi scriptum est: "Vidi bestiam, et reges terrae,
et exercitus eorum congregatos ad faciendum proelium cum illo qui sedebat in equo, et cum exercitu ejus."[30] Sic igitur aperte liquet duo maxima

---

329 ab: sub A   332 undecimo: undecimi B   333 leges: legem et BC   342 in
unum *om.* BC   353 ostenditur: ostendentur BC   355 dicitur: dicetur BC

[25] Dan. 7:25.
[26] Apoc. 13:3.
[27] See Judith 2-13.
[28] Apoc. 16:13-14.
[29] Apoc. 17:14.
[30] Apoc. 19:19.

360 proelia sexto tempori fore subjecta si tamen duo dicenda sunt, et non
potius unum interpolatum, aut si dicatur melius recidivatum, eo quod per
eandem bestiam utrumque complendum sit, quomodo per alteram illam
fol. 11ʳ   bestiam quae perdidit Christum, et primo / incipientibus tenebris captus
est et flagellatus ab impiis, et rursus per eandem subsequentibus adhuc
365 tenebris crucifixus.

Sicut ergo una est tribus Joseph, gemina tamen in Manasse et Ephraem,
ita sextum tempus et sabbatum quod sequitur illud, sub uno sexto tempore
colligenda sunt; et rursum ut Manasses in duas partes divisa est, ita sexta
tribulatio interpolanda est, ita ut inter primum et sequens gaudium non
370 inane distinguat. Sed melius hoc ostendimus, si etiam jejuniorum exordia
quae apud Graecos sollemnia sunt mysterialia et ipsa fore pensamus, quia
magnos et ipsos quoque habuisse viros a quibus acceperunt nulli ambi-
guum esse potest, et si juniora tempora vetustioribus praejudicent.

Si ergo ab eadem hebdomada numerare incipimus, praesertim cum et
375 nos ipsi ex eadem jejunare et abstinere a carnibus incipiamus, et si non
ita sollemniter quomodo in sequenti hebdomada, profecto hebdomada illa
quae de passione intitulatur, respectu ipsius hebdomadae sexta est. Ea
vero quae praecedit Pascha et alio genere sexta est, istius modi respectu
jam non erit sexta sed septima, vel ut melius dicamus, non septima sed
380 bis sexta, propter ecclesias Graecorum et Latinorum, quarum prima sicut /
fol. 11ᵛ   aestimo, orientalis scilicet primo percutienda est; secunda, secundo. Inter
utramque vero hebdomadam sollemnitas palmarum distinguit, nimirum
quia tribulatio sexta magna salvandorum sollemnitate interpolanda est,
secundum quod in sexta parte manifeste, ut jam dixi, ostenditur; in hoc
385 quod exultantium voces et alleluia cantantium, persecutio saepe dictae
bestiae et praeit et secutura est. Erit autem gaudium ipsum propter pueros
Hebraeorum qui convertentur ad Dominum laudantes et dicentes: "Benedictus qui venit in nomine Domini."[31]

Ostenditur hoc quoque in sexto angelo tuba canente, ubi postquam agi
390 incipit de tribulatione sexti temporis interponuntur aliqua de apertionibus
libri; et rursus adduntur alia in consummatione laboris, in qua videlicet
consummatione recte de mensibus quadraginta duobus mentio fit, hoc
est, de annis tribus et dimidio, ut ostendatur ipsa esse tribulatio quam
facturus est rex ipse undecimus in fine de quo et dicitur: "Putabit quod

---

365 crucifixus: est *add.* BC   367 sequitur: sequetur BC   371 fore: forte BC
377 passione: Domini *add.* BC   383 interpolanda: interpolenda C   385 dictae:
scriptae BC   386 praeit: preco C

[31] Ps. 117:26.

possit mutare tempora, et leges; et tradentur in manus ejus in tempus, et 395
tempora, et dimidium temporis.''[32] Erit autem istud in consummatione
sexti temporis, in quo sancti Dei occidendi sunt sicut Dominus Jesus a
gentibus Judaeis impiissimis tradentibus eum occisus est, et ante ipsum
Joannes Baptista, aut / certe sicut Petrus et Paulus, qui altercante cum   fol. 12[r]
eis Simone in conspectu Neronis ab ejus apparitoribus martyrizati sunt.   400

Sequetur autem tempus sabbati designatum in tribus horis et dimidia,
nimirum quia brevius erit tempore sexto, in quo praevalente hoste fiet
silentium in coelo quasi media hora, quia nulli licebit in diebus illis
praedicare. Quantum ergo datur intelligi, in sexto tempore aetatis sextae
consummandum est illud, quod in prima visione Danielis de undecimo 405
illo cornu scriptum est, nimirum quia et sexta est in ordine visionum
Danielis, si tamen quae praecedunt ipsam recte visiones intitulantur, cum
solae quattuor ultimae Danielis visiones fuerint.[33] Sive ergo visiones sive
non omnes visiones, sed magis incisiones dicendae sint, sexta tamen est
in ordine visio ista quae agit de decem regibus et de undecimo qui surget 410
post eos, septima quae agit de ariete et de hirco caprarum, octava quae
agit de unctione Christi et allatione justitiae sempiternae, pertinentis videlicet ad gratiam contemplationis, de qua et dicitur: ''Maria optimam
partem elegit, quae non auferetur ab ea.''[34]

Unde quia septima visio ad litteram in septimo tempore Testamenti 415
veteris consummata est, videtur quod in tempore septimo / in Spiritu   fol. 12[v]
consummanda est, ut quomodo post inclita illa Machabaeorum proelia
de genere sacerdotali in regni solium sublimatus est, vel potius Dei Filius
qui rex est et pontifex in aeternum, ita nunc quoque consummatis septem
proeliis quibus ecclesia instituta est, novum Machabaeorum genus in 420
Christo rege designatum regale obtineat sacerdotium, de quo in libro isto
scriptum est: Sacerdotes Dei sederunt, et regnaverunt cum Christo.[35]

Certum est enim et ex aliis scripturarum locis colligitur, quod post
illum tyrannum maximum qui regnaturus est in tempus, et tempora, et
dimidium temporis,[36] alius quoque consurrecturus sit. Sed utrum rex 425
Antiochus qui in septima visione ad litteram praenotatur regem istum

---

399 qui: quod BC   409 sint: sunt BC   412 pertinentis: pertinentes BC
417 illa *om.* C   421 obtineat: obtinebat C; isto *om.* C

---

[32] Dan. 7:25.
[33] Following St. Jerome, each of the first nine chapters of the book of Daniel
constitutes a "vision." The tenth "vision" comprises chapters 10-12. See "Comm. in
Danieliem" in *Corpus Christianorum Series Latina* LXXV, pp. 755-757.
[34] Luke 10:42.
[35] See Apoc. 20:6.
[36] Dan. 12:7.

respiciat,[37] an eum qui in novissimo, scrupulosa interim admodum definitio est, pro eo quod nihil certum in libro Apocalypsis reperio, nisi
forte ipse sit rex ille septimus de quo dicit Joannes: "Et reges septem
430 sunt. Quinque ceciderunt; et unus est, et unus nondum venit; et cum
venerit, oportet illum breve tempus manere,"[38] et hoc quidem satis ad
fol. 13ʳ   rem pertinere cognoscitur. Sed qualiter hoc bellum perfi/ciendum sit non
apparet, nisi forte tacite intelligatur in eo quod subditur: "Et vidi angelum
et apprehendit draconem, serpentem antiquum, qui est diabolus et Sa-
435 tanas, et ligavit eum per annos mille; et misit eum in abyssum."[39]

Quicumque autem erit tyrannus ille quem regem septimum appellavit
Joannes, sive ille sit quem in hac septima visione Daniel tetigit in cornu
ultimo, cujus typum gerit Antiochus, sive ille quem designat Alexander
rex primus, illud tamen indifferenter verum est, quod in hoc flagello
440 septimo consummanda est aetas sexta et incohabit septima, quamvis aetas
ipsa extrema nequaquam septima dicenda sit, sed pro septima et quasi
pars sextae, ut quasi una tribus Joseph gemina esse videatur, quae et recte
una tribus dici potest, et non inconvenienter duae, quia et sicut utrumque
verum est, ita in divina scriptura utrumque dictum reperitur.

445   Eodem modo Christianus populus geminus esse intelligitur, propter
eos qui in adventu Domini crediderunt in Christum et eos qui in fine
saeculi credituri sunt, quorum primus in duos populos distinctus est, in
fol. 13ᵛ   Graecos videlicet et Latinos, sicut et tribus Manasses interposi/to Jordane
flumine in duas semis tribus distincta est, ita ut pars una jungeretur Ruben
450 et Gad, altera Ephraem et tribubus reliquis; nimirum quia Latinus populus
gratiae largitate praeventus, nequaquam sicut Graecus egisse convincitur,
Judaicae superstitionis imitator extitit, sed magis ac magis ad anteriora
respexit, quaerens apprehendere vel ex parte quod tempore suo accepturus
est plenius populus quem significat Ephraem.

455   Quae cum ita se habeant, liquet quod Testamentum novum geminum
est, habens in se duos status et duos populos, ita ut et duo Testamenta
non frustra esse dicantur, et nihilominus Testamento novo duo inesse
status intelligantur, de quibus in praesenti opusculo parum aliquid ex-
primendum existimo, ut qui sint ipsi status et ad quid non languide
460 commendetur memoriae, exacturi illud in locis suis, cum aliquid de eis
eloquendum occurrerit.

---

427 respiciat: istum *add.* C; admodum *om.* BC   436 quem: qui C   437 septima
om. BC   443 sicut: si A   444 divina: dimidia C   453 quod: qui C   456 et[1]
om. BC   457 et nihilominus: vel non minus BC   459 sint: sunt BC   461 eloquendum: loquendum C

[37] See Dan. 7:8.
[38] Apoc. 17:9-10.
[39] Apoc. 20:1-3.

In tribus denique statibus distinguitur tempus legis et gratiae: sub lege, sub gratia, sub ampliori gratia; quia gratiam, inquit, pro gratia dedit nobis.[40] Et primus quidem status ascribitur Patri, secundus Filio, tertius Spiritui sancto, sicut et tempus illud quod fuit ante legem, quando erat 465 terra labii unius et sermonum eorundem, unitati divinae / ascribendum fol. 14[r] est, quae prius generi humano innotuit, quam manifestius de Trinitate quae Deus est sermo apud homines haberetur. Ac per hoc cum tertium tempus sub gratia esse describitur, respectu illius temporis quod fuit ante legem ita geminum fore intelligatur, quomodo tribus Joseph quae gemina 470 fuit, aut sicut duo illa gomor quae simul sexta feria legebantur, quamquam unum ad diem sextum, alterum pertinet ad sabbatum. Et de his pro loco satis dictum.

Designatur autem tempus secundi status quod in lamentis et pressuris percurritur, in tempore quadragesimali, quoniam quidem sex hebdomadas 475 quadragesima et sex partes in tumultibus liber iste et sex tempora status iste secundus habere dignoscitur, tuncque Paschale tempus usque ad vigiliam Pentecostes tempus tertii status designatur. Magnus vero dies ipse in quo data sunt plenius dona Spiritus, diem illum novissimum et aeternum designat, in quo retrusis reprobis in cubilibus suis, fulgebunt justi sicut 480 sol in regno patris eorum, et filii erunt Dei cum sint filii resurrectionis.

Quapropter tribulatio prima quam scribit Daniel in tempore sexto secundi status consummanda est, quae scilicet tribulatio aut prae manibus est, aut in vicino est, quae velut in sexta feria in qua passus / est Dominus fol. 14[v] peragenda est, ad cujus nos devenisse confinia duorum Testamentorum 485 concordia per ea quae gesta sunt viva voce testatur. Quae est enim viva vox, nisi Spiritus de quo dicit Apostolus: "Littera occidit, Spiritus vivificat"?[41]

Sequetur autem tribulationem istam altera haud permodica tribulatio, quam facturus est populus ille quem designabat in spiritu hircus caprarum, 490 veluti in sabbato hebdomadae sextae, eritque, ut superius diximus, silentium in caelo quasi media hora, quia nullus audebit praedicare in ecclesia regnante cornu illo, de quo et dicitur: "Supra quam credi potest, universa vastabit."[42] Completa vero quadragesima, quae sextam mundi

---

463 sub gratia *om*. C   469 quod: qui C   472 pertinet: pertineret BC   473 dictum: est *add*. C   476 quadragesima: quadraginta BC   477 tuncque: itemque BC 478 designatur: designat BC   480 designat: significat B, signat C; cubilibus: cubiculis BC   483 scilicet: si C   489 haud: aut BC   490 est *om*. C; populus: apostolus C

[40] See John 1:16.
[41] 2 Cor. 3:6.
[42] Dan. 8:24.

495 aetatem, hoc est, secundum statum designat, et completa sexta feria, quae
pro hebdomada una accipienda est, et sextum tempus secundi status designat, sequitur dies septimus qui vocatur sabbatum, sabbatum dico vigiliae Paschae, in quo septimum tempus illud designatum est, quod erit
terminus inter secundum statum et tertium, quia et ipse pro hebdomada
500 una, hoc est, septima accipiendus est, quia, sicut jam superius diximus,
propter electos suos quos elegit et praeelegit omnipotens, breviabuntur,
fol. 15ʳ   ut ait / Dominus, dies illi,⁴³ et cito superveniet tempus pacis, quasi dies
Paschalis et inclitus, quod erit principium illius status qui erit magnum
et generale sabbatum, respectu aetatis hujus sextae quae in labore pera-
505 gitur, et si duo quaedam sabbata huic similia ante legem et sub lege
praecessisse videantur, de quibus in sequentibus agendum est.

Quia vero tempus istud quod tertius status dicendum est, respectu
temporis quod sub lege praeteriit, et temporis plenitudinis gentium quod
in extremis nunc agere clarum est, in tempore Paschali quod septem
510 terminatur hebdomadis designatum est, liquet quod initium hujus status
quod primum est in temporibus aetatis septimae, octavum est respectu
aetatis sextae, in qua Dominus noster resurrexit a mortuis; ideoque quod
ibi secundum carnem, hic secundum Spiritum consummandum est, ut
quomodo tunc Christus Jesus resurrexit a mortuis, ita et nos exurgentes
515 a vetustate corporis nostri in novitate vitae ambulemus. Quantum ergo
datur intelligi octava visio Danielis, quae tertia est a sexta, juxta illud
quod de Christo dictum est,⁴⁴ tertia die resurrexit a mortuis, in eodem
fol. 15ᵛ   octavo tempore incohanda est, ideoque / de eadem visione dictum est
Danieli in spiritu: ''Ab exitu sermonis ut aedificetur Hierusalem, usque
520 ad Christum ducem, hebdomadae septem erunt.''⁴⁵

Exitum sermonis, initium dicit sexti temporis, septem vero hebdomadas nominat septem tempora secundi status, in quorum consummatione
dandus est Spiritus sanctus, sicut in die Paschae, et ungetur ille populus
quem significat Christus, sicut in senectute David unctus est Salomon
525 pro patre suo in regem, hoc est, pro eo populo qui hactenus glorifice
militavit. Et consummabitur visio ex prophetis, sicut jurasse angelus
legitur qui librum manibus gerebat apertum, sub sexto angelo tuba canente
dicens: ''Quia tempus jam non erit amplius; sed in diebus vocis septimi
angeli, cum coeperit tuba canere consummabitur mysterium Dei, sicut
530 evangelizavit per servos suos prophetas.''⁴⁶ Regnabit itaque Dominus

503 quod: qui BC; qui: quod BC

⁴³ Matt. 24:22.
⁴⁴ 1 Cor. 15:4.
⁴⁵ Dan. 9:25.
⁴⁶ Apoc. 10:6-7.

Jesus in populo suo, sicut in sexta visione dicitur: "Judicium sedebit, ut auferatur potentia, et conteratur, et dispereat usque in finem; regnum autem, et potestas, et magnitudo regni, quae est subter omne coelum, detur populo sanctorum Altissimi, cujus regnum sempiternum, et omnes reges servient ei, et obedient."[47]   535

Quod si ita est, liquet quod tyrannus / ille alius qui legitur in septima   fol. 16[r]
visione, plagam quidem faciet maximam, regnum autem Christi dissipare nequibit, sicut ex persona Dei Patris in typo Salomonis de populo tertii status qui regnaturus est dicitur. Sic igitur regnaturus est amabilis populus, qui quasi Salomon tertius a Saule, secundus a David regnum pacificum 540 obtinebit, et regnabit a mari usque ad mare, et a flumine usque ad terminos orbis terrarum. Quod autem sequitur: "et post hebdomadas septuaginta duas occidetur Christus," et cetera,[48] tempus respicit extremum, quod designatur in vigilia Pentecostes, quando solvendus est diabolus de carcere suo, et facturus omnia illa quae scripsit Ezechiel, ubi agitur de proeliis 545 Gog, et liber Apocalypsis, et quarta visio Danielis, quae in typo regum austri et aquilonis, proelium Christi et diaboli usque in finem prosequi- tur.[49]

Duae ergo visiones concludunt statum secundum, duae tertium, quia et id quod continetur in duabus primis in proximo tempore consumman- 550 dum est, et id quod continetur in duabus sequentibus circa finem cum solvetur Satanas de carcere suo, qui in proximo incarcerandus est ut non seducat amplius gentes, usque ad tempus illud, de quo et dicitur: / "Erit   fol. 16[v]
tunc tribulatio magna, qualis non fuit ab initio mundi usque modo, neque fiet. Et nisi breviati fuissent dies illi, non fieret salva omnis caro,"[50] 555 quamvis et de fine secundi status dictum sit, et de eo plane intelligi possit, quia impetus Spiritus ad diversa dirigitur.

Qua in re considerandum est, quod quando persecutio Nabuchodonosor regis Assyriorum, et persecuutio Antiochi regis sub uno sexto tempore coartantur, veluti, ut jam dixi, in sexta feria hebdomadae sextae, et sab- 560 bato vigiliae Paschae, tunc septimum tempus quod erit in sabbatum in tempore paschali designandum est, immo et in toto tempore quo ecclesia

---

536 quod[2]: et C   538 sicut: Nunc BC   540 pacificum: A, *which adds* vel pacificus *above the line to indicate a variant reading*, pacifice BC   545 illa *om.* BC;
scripsit: scribit BC   546 regum: regnum C   552 incarcerandus est *om.* C
556 status: statis C; sit: est C; eo: ea C; plane: plene BC   561 in[1] *om.* BC

[47] Dan. 7:26-27.
[48] Dan. 9:26 (sexaginta duas, Vulgate).
[49] See Ezech. 38-39; Apoc. 20; Dan. 11.
[50] Matt. 24:21-22.

primitiva pertransiit, excidium vero quod erit sub Gog, in persecutione
Romanorum, sub qua et rebellis Judaeorum populus ultima caede pros-
565 tratus est. Inde est quod sciscitantibus discipulis de diebus novissimis,
ita eis Dominus de ruina Hierusalem quam passura erat subito locutus
est, ac si ipsa deberet esse tribulatio ultima. Sic enim dicit post cetera,
in evangelio Lucae: "Cum videritis Hierusalem circumdari ab exercitu,
tunc scitote quia appropinquat desolatio ejus. Tunc qui in Judaea sunt,
570 fugiant ad montes; et qui in medio ejus, discedant."[51]

Certe verba ista historialiter in principio ecclesiastici temporis completa
fol. 17r sunt, / cum adhuc superessent sanctus Joannes, et beatus ipse Lucas qui
hoc evangelium scripsit. Quid igitur pertinuit ad rem ista responsio, nisi
quia haec novissima Judaeorum et illius Hierusalem tribulatio, ultimam
575 tribulationem designat? Unde est quod cum Marcus et Matthaeus prosequantur ad litteram de signis quae ruinam illam secutura sunt, dicentes:
"Et erit, post tribulationem dierum illorum, sol obscurabitur, et luna non
dabit lumen suum,"[52] et cetera, Lucas, ut fidelis historiographus, ipsi
enim datum est prosequi veritatem historiae, his quae scripserat de ruina
580 Judaeorum, consequenter adjungit dicens: "Erit signa in sole, et luna, et
stellis,"[53] et cetera. Erit ergo tunc tribulatio haec maxima, quae in duabus
visionibus ultimis continetur. In proximo autem altera suppar illi, quae
continetur, ut jam dixi, in duabus visionibus primis.

Sed forte parvipendenda erit, quia de illa evangelium tacuit? Qui hoc
585 putat aut nequaquam evangelium legit, aut si legit, clausis oculis men-
tisque auribus praeterivit. Nunc ergo audiamus quid de hac tribulatione
Matthaeus dicat priusquam quicquam agat de ultima. Sedente, inquit,
fol. 17v Domino super montem Oliveti, acces/serunt ad eum discipuli dicentes:
"Dic nobis quando haec erunt, et quod signum adventus tui et consum-
590 mationis saeculi." Quibus ille respondit: "Videte ne quis vos seducat.
Audituri enim estis proelia, et opiniones proeliorum. Videte ne conturbemini; oportet enim haec fieri, sed nondum statim finis. Surget autem

---

563 pertransiit: pertransit BC; excidium: residuum BC   566 eis: eas C   566-
567 locutus est: locuta erat C   567 cetera: octava BC   571 Certe: Certa C
572 superessent: superesset BC   574 tribulatio: et add. B; tribulatio, ultimam om. C
575 est: et BC; cum om. BC   575-576 prosequantur: prosequentur B, prosequuntur C   579 quae: qui C   584 parvipendenda: parvipenda B; erit: est C
586 quid: quod C; hac om. C   587 quicquam om. BC   590 ille: ipse C
591-592 conturbemini: turbemini C   592 haec om. BC

[51] Luke 21:20-21.
[52] Matt. 24:29; Mark 13:24.
[53] Luke 21:25.

gens contra gentem, et regnum in regnum; et erunt pestilentiae, et fames, et terraemotus per loca. Haec autem omnia initia sunt dolorum.''[54]

Hucusque ut legitur ita completum videmus, ceterum quod sequitur in 595 januis prope est, si tamen ad hoc non pertinet, quod nuper Hierosolymis accidisse didicimus.[55] Nam sequitur: ''Tunc tradent vos in tribulatione et occident vos; et eritis odio omnibus gentibus propter nomen meum. Et tunc scandalizabuntur multi, et in vicem tradent, et odio habebunt in vicem, et multi pseudo-prophetae surgent, et seducent multos. Et quoniam 600 abundabit iniquitas, refrigescet caritas multorum. Qui autem perseveravit usque in finem, hic salvus erit.''[56] En istae sunt angustiae, quas imminere in proximo vel repente qua nescimus hora praediximus, quas facturus est ille rex nonus qui regnaturus est in tempus et tempora et dimidium temporis, et ille alius de quo dicitur, ''supra quam credi potest, universa / 605 vastabit.''[57] Erunt autem cum illis etiam pseudo-prophetae qui daturi sunt   fol. 18[r] signa, ad seducendos si fieri potest etiam electos. Et notandum quod haec tribulatio sexta significata est in diluvio, quod factum est in diebus Noe.

Sequens autem quae in tempore sabbati futura est in apertione sigilli septimi, designata est in Nemrod qui fuit auctor ut traditur aedificandae 610 turris Babelis, designans superbiam regis illius, ''qui extollitur et adversatur supra omne quod dicitur Deus, aut quod colitur, ita ut in templo Dei sedeat, ostendens se tamquam sit Deus.''[58] Qua in re diligenter notandum, quod in sexta epistola Pauli quae missa est Thessalonicensibus tribulatio sexti temporis designatur cum dicitur: ''Cum dixerint: Pax et 615 securitas, tunc repentinus superveniet illis interitus quasi ⟨dolor⟩ in utero habenti, et non effugient.''[59] Hoc autem quod de filio perditionis eisdem rescribit in epistola septima continetur, ut ille esse intelligatur qui in septima visione Danielis scriptus est, de quo et dicitur: ''elevatus est

---

593 contra: in BC; in: adversus BC   594 dolorum: doloris C   595 videmus: videtur C   597 accidisse: accidisset C   598 omnibus gentibus *om.* C; gentibus: hominibus B; tunc *om.* BC   599 scandalizabuntur: scandalizabunt C   601 refrigescet: requiescet C; perseveravit: perseveraverit B; hic *om.* BC   604 nonus: undecimus BC; tempus; tempore C   606 qui: quae C   607 potest: possit C   609 in tempore: interpretatur BC; est *om.* C   610 est *om.* C; ut traditur *om.* BC   612 quod[2] *om.* C   613-614 notandum: est *add.* BC   616 superveniet: veniet C; illis *om.* C   617 habenti: habentis C   618 rescribit: rescripsit BC

[54] Matt. 24:3-4, 6-8.
[55] On Friday, 2 October 1187, Saladin captured Jerusalem.
[56] Matt. 24:9-13.
[57] Dan. 8:24.
[58] 2 Thess. 2:4.
[59] 1 Thess. 5:3.

620 usque ad fortitudinem coeli; et dejecit de fortitudine, et de stellis,"[60] et
ille de quo dicit Joannes: "et unus nondum venit"—septimus scilicet—
"et cum venerit, oportet illum breve tempus manere."[61] Quod si juxta
fol. 18ᵛ   Da/nielem prophetam usque ad fortitudinem coeli elevari dicitur, juxta
Paulum extolli et adversari supra omne quod dicitur Deus, aut quod
625 colitur, cernere est quam recte aedificator turris Babelis similis ejus fore
dicitur, qui etiam robustus venator coram Domino fuisse perhibetur, nimirum quia superbus ille cujus erit adventus secundum operationem Satanae, in omnibus signis et prodigiis mendacibus animas pereuntium
venaturus est, et secum catervatim ad inferna ducturus. Porro tribulatio
630 ultima quae erit in diebus Gog, in perditione Sodomae et Gomorrhae
designata est, quando pluit Deus ignem et sulphur de coelo, et delevit
impios a facie terrae. Ideoque et Veritas ipsa inquisita de diebus novissimis, duo ista discrimina in exemplum inducit.

His autem quam necesse positis et pro loco expositis, ad propositam
635 quaestionem redeundum est, in qua et dicitur: "Dabo benedictionem
meam vobis anno sexto, et faciet fructus trium annorum."[62] Haec enim
fuit occasio dicendi ista, licet alias dicenda essent, propter quod in eis
plusquam oportere videbatur moram fecimus, ut sciat lector propositum
nostrum et intentionem auctoris, quae in sexta parte libri circa ista /
fol. 19ʳ 640 versatur. Sed si fructus trium annorum in sexto tempore quaerimus, ut
possimus in sequenti sabbato a labore quiescere, debemus vigilanter in-
tueri quod dicitur: "Seretis octavo anno, et comedetis veteres fruges usque
ad nonum annum; donec nascantur nova, vetera comedetis."[63] Haec idcirco dico, quia in octava illa generatione quam indicat angelus Danieli
645 in fine quartae visionis cum dicit: "et multi de his qui dormiunt in terrae
pulvere evigilabunt in vitam aeternam, alii in opprobrium ut videant
semper,"[64] nequaquam seminabitur aut metetur, quia in aetate illa ut ait
Dominus: "neque nubent neque nubentur; sed erunt sicut angeli Dei in
coelo,"[65] et "filii erunt Dei, cum sint filii resurrectionis."[66]

---

620 dejecit: dieciet BC   625 aedificator: aedificaturo B, aedificatur C; fore: fortitudo
BC   626 qui: quod C; perhibetur: prohibetur B   629 ducturus: est *add.* BC
631 Deus: Dominus BC   633 inducit: induxit C   638 oportere: oportet C; lector:
lectio B   640 fructus: fructum BC

[60] Dan. 8:10.
[61] Apoc. 17:10.
[62] Lev. 25:21.
[63] Lev. 25:22.
[64] Dan. 12:2.
[65] Matt. 22:30.
[66] Luke 20:36.

Ubi ergo semen octavi temporis et subsecutio noni anni, nisi in adventu 650
Domini cum gentium populus conversus est, et in proximo cum Judaicus
convertetur ad Christum? Hac pro causa Antiochus qui in cursu generali,
hoc est, illius concordiae quae in duobus Testamentis consistit, sub septimo tempore accipiendus est, et cum tyranno ultimi temporis collationem
habet, quia sicut iste praecessit adventum Domini primum et resurrectio- 655
nem dominicam, ita ille qui vocatur Gog, ultimum adventum Domini / et
generalem resurrectionem mortuorum praecedet. In concordia trium   fol. 19ᵛ
statuum quae triplicatur, non sic, sed sicut Antiochus post regem Assyriorum populum Judaeorum afflixit, templum polluit, et urbem sanctam
contaminans in desertum redegit, ita et nunc illum regem undecimum 660
alius consurget, qui ultra credi potest universa vastabit. Unde et in fine
sexti angeli tuba canentis dicitur: "Vae secundum abiit, et ecce vae tertium
veeniet cito."⁶⁷
     Sicut autem tribulationem illam quam fecit Antiochus secuta est re-
velatio Filii Dei, et conversio gentium, ita tribulationem istam sequetur 665
revelatio Spiritus sancti, ut sint homines docibiles et amabiles Dei, sicut
Salomon, et Joseph et Joannes cujus est liber iste, et convertentur ad
Deum vivum et verum, et ad Jesum Christum Filium ejus reliquiae Judaeorum et gentium, quae hactenus per occultum judicium in caecitate
relictae sunt. Secundum hoc igitur octava visio Danielis tempus octavum 670
respicit, in quo Christus occisus est ut resurget, et rursum tempus istud
quod expectamus in proximo, in quo veritas quae prostrata erat in terra,
sicut dixit angelus Danieli, felicius ut a morte et quasi de monumento
consurget.⁶⁸
     Si autem sub sexto tempore tria ista pariter ostensa sunt, / hoc est, et 675 fol. 20ʳ
illa quae pertinent ad tempus sextum assimilatum diei in qua passus est
Dominus, et illa quae pertinent ad septimum assimilatum illi sabbato in
quo fugatis discipulis praevaluisse se gaudebant Judaei et illud quod
pertinet ad tempus octavum assimilatum diei octavo resurrectionis dominicae, in quo chorus apostolicus unctus est a Domino Spiritu sancto, 680
quis non videat tempori sexto datam esse benedictionem ut proferat fructum trium annorum, qui sufficere possit famelicis donec nova nascantur?
Et haec quidem ita se habent.

<hr>

     650 in *om*. C   654 collationem: collectionem B   655 praecessit adventum:
preces ad adventum B   659 urbem: orbem C   661 qui *om*. C   662 sexti ... canentis: sexto angelo tuba canente (canante C) BC   669 et *om*. A   671 istud: illud C
672 erat: erit BC   676 assimilatum: assimulant C   677 ad: tempus *add*. C;
assimilatum: assimulatum C   678 se *om*. BC   680 sancto: et *add*. C   681 datam:
datum C   682 qui: quod BC

⁶⁷ Apoc. 11:14.
⁶⁸ Dan. 12:2.

Sed remanet adhuc quaestio de duobus mannae gomor.[69] Si enim trium
685 annorum fructus annus sextus exsolvit, videtur quod non duo tantum
gomor, sed tria colligi oportuit in die sexto. Quod ex alio quoque loco
satis evidenter ostenditur, etiam si ex his quae praedicta sunt manifestum
non esset. Praecepit denique Josue filiis Israel ut praepararent sibi cibaria,
quoniam post tertium diem Jordanem erant transituri, et intraturi in terram
690 fluentem lac et mel, quam Dominus promiserat illis.[70] Quod cum factum
fuisset, praecepit Dominus ut circumciderentur, quod et factum est. Ubi
fol. 20ᵛ   et mox subditur: "Steteruntque / in eodem loco donec sanarentur."[71] Qui
deinde fecerunt Phase, et comederunt de frugibus terrae die altero.

Quod enim die tertia transierunt Jordanem accepturi regna gentium
695 quae sibi erant a Domino repromissa, commorientium Christo per baptismum typum gerere visi sunt, baptismum dico non illum qui a Joanne
in Jordanis flumine datus est, nec eum qui carnalibus oculis videri potest,
sed eum qui in aqua Jordanis designatus est, de quo per semetipsam
Veritas dicit: "Joannes quidem baptizavit aqua, vos autem baptizabimini
700 Spiritu sancto non post multos hos dies."[72] Hic est verus ille baptismus
qui sordes interioris hominis ad contemplandum factorem suum gratiae
largitate purificat, ut illius beatudinis gloriam consequatur quam mundis
cordibus promittit, et exhibet ille qui dicit: "Beati mundo corde, quoniam
ipsi Deum videbunt."[73]
705 Et quia tempore tertii status, qui quadam spirituali similitudine Spiritui
sancto ascribitur, praerogitiva plenitudinis hujus revelanda est, non in-
convenienti mysterio die tertio Jordanem transire jubentur, ut quotquot
fol. 21ʳ   doni / hujus participes Spiritus sanctus esse tribuit, mox regni quod accepturi sunt, possessores efficiat, et illius patriae fructuum gustatores, sic
710 tamen ut circumcisio secunda praecedat, ut relicto adhuc cortice litterae
Spiritum teneamus, scientes expedire nobis in temporibus istis quod in
diebus Joannis et Christi Jesu baptizatis et renatis in Christo expedire
didicimus. Ut enim in diebus illis abicienda erat littera Testamenti prioris,
Spiritus autem qui vivificat amplectendus, ita nunc abicienda est littera
715 Testamenti novi ubi mystica vel historica est, ut spiritualis intellectus

684 enim: est C   688 denique: itaque C   693 frugibus: fructibus C   694 Quod:
Qui B   698 quo: qua BC   700 verus: vere C   705 quadam: quada A, quidam
C; Spiritui: Spiritu C   706 praerogativa: praerogativam C   709 fructuum:
fructum C   710 adhuc: adhaec C   713-715 prioris ... novi *om.* BC

[69] See Ex. 16:16-22.
[70] See Josue 3-5.
[71] Josue 5:8.
[72] Acts 1:5.
[73] Matt. 5:8.

proficiat, quod utique a sensu historico sabbatizare est, et in loco quiescere, quousque sauciata corda ex verbi mutatione sanentur.

In Phase autem illo quod egisse leguntur tempus designatur octavum, quod erit in gaudium et laetitiam omnibus expectantibus illud. Videtur enim Phase quod interpretatur 'transitus' duplicem habere significatio- 720 nem, pro eo quod Christus Jesus transiturus ex hoc mundo ad Patrem, et primo a vita ista pertransivit ad mortem, et secundo a morte carnis ad perpetuam vitam.

Verumtamen quia secundus transitus felicitatis est, huic magis quam illi Phase vel Paschae nomen / ascribitur, quia non iste transitus propter 725 fol. 21ᵛ illum secutus est, sed ut ille posset statui, iste in dolore praecessit. Sic ergo in Phase illo tempus octavum designatum est, in quo non oportet transire de vitiis ad virtutes, de labore ad requiem, de ignobilitate ad gloriam, de oculorum lippitudine ad meram et integram claritatem. Sequens autem dies in quo de terrae frugibus comederunt, tempus novum 730 quod sequetur designat, in quo supervenientibus novis vetera proicientur. Ubi enim Spiritus sanctus magister erit, quae necessitas humani laboris? Propter quod et recte subjungitur: "Defecitque manna postquam comederunt de frugibus terrae; nec usi sunt ultra cibo illo filii Israel."[74]

Quae cum ita se habeant, quaereretur non absurde, cur non tria mannae 735 gomor die sexto collecta sunt, nisi quia dies quem nos octavum dicimus, Judaeis tunc temporis primus erat in hebdomadis singulis, et si in sexto legerentur tria gomor, ut unum in diem tertium servaretur, jam oportebat ipsos die illo qui primus erat in hebdomada a labore quiescere, et ita mysterium illud cedens alteri solveretur. Unde quod in uno mysterio 740 scriptura siluit suppletur in altero, praeser/tim cum ipsum unum septimum   fol. 22ʳ gomor, quo intellectus anagogicus designatur,[75] sufficiat simul septimo et octavo, quia vita contemplativa quae inde colligitur non mutatur in octavo sed perficitur, quia scriptum est: "Maria optimam partem elegit, quae non auferetur ab ea."[76] 745

Et haec quidem necessarie, occasione duorum gomor et librorum qui Machabaeis inscribuntur, perstringenda credidimus, ostendentes pressu-

---

716 a sensu: assensu BC; et *om*. BC   717 mutatione: imitatione B   718 Phase: vase C   729 meram: veram BC   739 illo: illa C; labore: laboribus C; et: ut C 740 mysterium: multum BC   745 ea: in aeternum *add*. C   746 haec: hoc C 747 credidimus: credimus BC

[74] Josue 5:12.
[75] According to John Cassian (d. ca. 435 AD), the four "senses" of Scripture were: the literal (or historical); the allegorical (or typical or spiritual); the moral (or tropological); and the anagogical (or eschatological). These distinctions became encapsulated in the couplet: "Littera gesta docet; quid credas allegoria / moralis quid agas; quod tendas anagogia." See *Jerome Biblical Commentary*, 71:41.
[76] Luke 10:42.

ras illas maximas quae factae sunt sub Antiocho duplices habere respectus, propter aetatem sextam quae duplex est, ita ut secundum aliquid usque
750 ad finem saeculi protendatur, et secundum aliquid usque ad tempus septimum, eo quod tempus septimum reputetur in sabbatum, et discretum sit a senario propter otium suum, et non omnino discretum, quia verum et perfectum sabbatum in hujus vitae naufragiis obtineri non potest.

Nunc de concordia Testamentorum agendum est, ut qualiter Testa-
755 mento veteri novum respondeat videamus, et tanto magis intentio Spiritus qui auctor est hujus libri eniteat, quanto veteribus nova concordare et veluti ex eisdem subsistere et consonare sentimus.[77] Si secundum quod
fol. 22ᵛ   se mutuis vultibus duo, quae scriptura saepe commemorat, Testa/menta respiciunt, concordiam assignare volueris, primus temporis cursus a Jacob
760 incohandus est et terminandus in Christo, secundus a Christo usque ad finem saeculi, quando rursus ad faciendum judicium venturus est in gloria Christus. Sin vero quia Testamentum novum geminum est et quasi duplex, pro eo quod non solus Filius in carne apparuit, verum etiam et Spiritus sanctus in columba et igne, et non solum Filius missus est ut redimeret
765 mundum, verum etiam et Spiritus sanctus complere quae Filius incohaverat, aetas ista quae sexta dicitur, in duas temporum portiones distinguitur.

Quod omnino necessarium est. Invenimus ⟨enim⟩ tribus statibus magna quaedam opera Domini distincta proprietatibus suis, in quibus trinam
770 concordiam assignari oporteat salvo intellectu superiori, et prima illa assignatione quae duo velut ex aequo Testamenta concordat; non enim majus aliquid sunt Filius et Spiritus sanctus, quam solus Pater, aut solus Filius, aut solus Spiritus sanctus, et ideo simplex relatio est novi Testamenti ad vetus, et aequa secundi status ad primum, et tertii ad secundum,
775 ut sive duo Testamenta quae scriptura commemorat, sive opera trium
fol. 23ʳ   statuum quae aequaliter in singulis magna / sunt, simplex et fidelissima hinc inde similitudo prospiceret.

In prima ergo definitione taliter concordia assignanda est: tempus primi sigilli, a Jacob patriarcha usque ad obitum Moysi. Tempus secundi, ab
780 obitu Moysi usque ad Samuelem. Tempus tertii, a Samuele usque ad transitum Eliae. Tempus quarti, a transitu Eliae usque ad Ezechiam. Tempus quinti, ab Ezechia usque ad ruinam Babylonis. Tempus sexti, a

---

750-751 septimum: sextum BC   758 duo: dico C   762 quia: quod A   763 Filius om. A   764 sanctus om. BC   767 necessarium: necessarius C   776 statuum om. A   779 secundi: secundum B

[77] According to St. Augustine, "in vetere novum lateat, et in novo vetus pateat." (PL 34: 623).

ruina Babylonis usque ad Alexandrum. Tempus septimi, ab Alexandro
usque ad Joannem Baptistam. Haec in veteri. In novo autem sic: apertio
primi sigilli, ab incarnatione Domini usque ad dormitionem sancti Joannis 785
Evangelistae. Apertio secundi, ex eo usque ad Constantinum Augustum.
Apertio tertii, ex eo usque ad Justinianum. Apertio quarti, ex eo usque
ad Karolum. Apertio quinti, ex eo usque ad dies istos, post quos incohata
sexta percutienda est Babylon nova sicut in prophetis ostenditur et liber
iste Apocalypsis manifeste demonstrat. Ex eo itaque tempore erit sexta 790
apertio, et perseverabit in dies quousque compleantur verba Dei sub
regibus illius regni de quibus superius mentio facta est.

   Completa vero tribulatione illa relinquetur / sabbatismus populo Dei,   fol. 23ᵛ
in quo tamen futura est tribulatio ultima quam designat Antiochus, post
quam venturus est judicare mundum qui quondam redimere missus est, 795
et reddet unicuique secundum opera sua. Hac pro causa ut ego puto
afflictionem illius temporis quae similis est sabbato vigiliae Paschae quasi
sub silentio praeterivit Joannes, ut illi concordiae responderet per singula
quae in duobus Testamentis consistit, non illi quae in tribus statibus trina
est. Quia vero sabbatum labores praeeunt, et quietem certamina, notanda 800
sunt per ordinem Israelitica proelia, et nihilominus ecclesiastica bella,
quae sive tunc pro fide unius Dei qui creator est omnium, sive nunc pro
nomine Christi qui verus est et unus cum Patre Deus, per quem facta
sunt omnia, fideles populi pertulisse leguntur, ut dum similia bellorum
gesta in duobus Testamentis perpendimus, agnoscamus veram esse Sal- 805
vatoris sententiam qua dicit: "Pater meus usque modo operatur, et ego
operor."[78]

   In tempore primi sigilli habuit conflictum Israel cum Aegyptiis, qui se
multis doloribus affligentes, servitutis quoque vinculo compeditum / te-   fol. 24ʳ
nebant, ita ut non liceret ei explere jussa Domini in desertum, nec cessare 810
ab operibus laterum quos sibi Aegyptiorum rex malitiose indixerat. In
tempore quoque apertionis primae sub quo terminato veteri novum Testamentum in filiis incohatum est, surrexit iterum pro patribus novus et
spiritualis Israel, qui adversus novos Aegyptios Judaeos certamen iniit,
novo quoque Moyse qui est legislator fidelis et prophetarum Dominus 815
incohante, ut quomodo in illo primo conflictu silentibus filiis Israel Moyses
famulus Domini pugnavit et vicit, ita et hic tacentibus electis qui sub

---

   788 ad¹ *om.* A; usque *om.* A   795 qui: quem B   796 secundum: juxta BC
801 et *om.* BC   806 qua: quae BC   810 explere: complere BC   812 veteri:
veteris C   813 iterum: item B   814 Judaeos *om.* BC   817 hic: is C; onere:
honore C

   [78] John 5:17.

onere legis et litterae oppressi servitute inutili et labore supervacuo insudabant, solus Christus Jesus pugnaret et vinceret, et in manu valida et
820 extenta populum adhaerentem sibi a Mosaica servitute legis et supervacua
litterae superstitione eriperet. In cujus tamen concordiae serie illud vigilanter observa, quod in Domino nostro Jesu Christo qui lapis angularis
dictus est, omnium patrum opera virtute quadam potentiae suae osten-
duntur infixa, et nihilominus quae in filiis complenda erant temporibus
fol. 24ᵛ 825 suis, ita ut in operibus ejus tam nova quam / vetera redigantur in summa.
Ex qua re mirum aliquid accidit, ut sicut ipse ubique est, ita in quam
pluribus scripturae locis inveniatur unus Christus Jesus respondere tam
multis patribus qui sub veteri Testamento leguntur, et tamen in concordiae
serie soli patriarchae Jacob respondere dignoscitur, qui sic in veteri Tes-
830 tamento duodecim patriarchas genuit, quomodo apostolos totidem ipse
qui verus est Israel procreavit in novo, excepto quod ibi caro ex carne,
hic spiritus ex Spiritu propagatus est, teste Veritate ipsa quae dicit: "Quod
natum est ex carne, caro est; et quod natum est ex Spiritu, spiritus est."[79]
Non igitur Christus Jesus ita in concordia respicit Moysen, quomodo
835 Jacob patriarcham, sed quomodo aliorum quemlibet qui typum ejus pro
loco et tempore tenuisse probantur. Quocirca ut patriarchas duodecim
apostoli primi respiciunt, ita Moysen et Aaron Paulus et Barnabas apostolorum novissimi, quia sicut Moyses et Aaron praecesserunt populum
illum exiturum de Aegypto et progressurum in terram Chananeorum, ita
840 Paulus et Barnabas fidelem populum exiturum de synogoga incredula et
fol. 25ʳ   transiturum ad provincias paganorum. Pugna/vit Moyses pro libertate
Israelis, pugnavit et Paulus, ille ut servitus cessaret quae erat in faciendis
lateribus, iste ut cessaret servilis lex quae erat in carnis operibus, et
uterque prostratis hostibus triumphavit et vicit. Nec mirum. Quis enim
845 pugnabat in illis, nisi ille de quo dicitur in Psalmo: "Dominus fortis et
potens, Dominus potens in proelio",[80] et de quo per Joannem dicitur in
libro isto, cum aperuisset unum de septem sigillis: "audivi unum de
quattuor animalibus dicens: Veni et vide. Et vidi: et ecce equus albus,
et qui sedebat super illum habebat arcum, et data est illi corona, et exivit
850 vincens ut vinceret"?[81]

---

826 accidit: accidet BC   831 procreavit: procuravit BC   831 ex: de BC
833 est¹ *om*. C   836 tenuisse: reunisse C   841 Pugnavit: pugnaverat C
844 uterque: utique BC   845 Psalmo: Psalmis BC   846 Joannem: prophetam B,
et *add*. C   848 Et vidi *om*. A   849 est *om*. B

[79] John 3:6.
[80] Ps. 23:8.
[81] Apoc. 6:1-2.

Perseveravit ergo primum sigillum usque ad obitum Moysi et universae generationis illius quae egressa est in patribus ex Aegypto, et ita a Jordanis transitu incohavit secundum. Eodem modo apertio prima usque ad obitum apostolorum perseverasse dignoscitur, excepto discipulo quem diligebat Jesus, qui plurimam et evidentem concordiam cum Joseph et Josue 855 comprobatur habere. Quare autem cum duobus unus? Quia prohibiti sunt patres mortis debito diutius in hac vita manere, et ideo necesse / erat   fol. 25ᵛ filios supplere loca patrum, ut quod minus patres expleverant suppleretur in filiis. Non solum autem propter hoc, sed et propter alia atque alia figurarum enigmata, de quibus in suis locis dicetur.   860

Sed neque illud silendum puto, quod cum bella Aegyptiorum ad primum sigillum pertineant, Chananeorum ad secundum, nequaquam tamen bella secundi usque ad initium temporis sui dilata sunt, sed manente adhuc tempore primi initiata sunt in transitu bella secundi, quod in aliis quoque signaculis observandum est. In tempore itaque secundi sigilli bella Cha- 865 naneorum secuta sunt, pro quibus in ecclesia paganorum certamina successerunt, incohata quidem sub apertione prima, sed consummata in diebus apertionis secundae.

In tempore sigilli tertii, schismata inter Judam et Hierusalem, erroresque in utroque regno, sed magis in Israel orta sunt, pro quibus et inter 870 se pugnaverunt diutius, et aliarum quoque gentium bella gravissima subsecuta sunt. Nec latet quod in tempore tertio in quo sigillum tertium apertum est, inter populum Graecorum et Latinorum schismata et errores multiplicata sunt, pro quibus inter Graecos et Latinos non modica certamina emerserunt, et nihilominus aliarum gentium bella fortissima sub- 875 secuta sunt. In tempore sigilli quarti praeeuntibus Syrorum proeliis successerunt bella Assyriorum, pro quibus in ecclesia praeeuntibus Persarum proeliis orta sunt bella Agarenorum tempore videlicet apertionis quartae, quorum atrox immanitas usque / ad praesens tempus perdurat.   fol. 26ʳ

In tempore sigilli quinti praeeuntibus Aegyptiorum proeliis cum adhuc 880 superesset aliquid de procellis Assyriorum, secuta sunt in Juda certamina Chaldaeorum, per quos et Judaeorum regnum dissipatum est, sicut per Assyrios regnum Samariae, translatis ex ea decem tribubis propter iniquitates suas. Verumtamen civitates Samariae nequaquam desolatae sunt, sed repletae sunt alieno semine et confuso cum reliquiis Israel, instituto 885 quoque in lege Domini timore perterrito, eo quod immitteret Dominus

---

851 ergo: quoque BC   852 est *om.* A; ex: de BC   859 autem: enim B, *om.* C 861 silendum puto: tacendum est BC   865 itaque: etiam BC   866 certamina: bella BC   869 Judam: Judaeam BC   870 orta: orti BC; pro: ex BC   872-876 Nec latet ... subsecuta sunt *om.* A   881 aliquid: quod BC   885 semine: sermone C 886 immitteret: mitteret C

leones in illum et deterreret plaga fortitudinis suae. Fuerunt enim gentes
illae, ut ait scriptura, metuentes Dominum, et nihilominus idolis suis
immolantes.

890   Secundum hoc accidit ecclesiae orientali designatae in decem tribubus
Israel, ex eo tempore quo in partibus illis crebri Agarenorum impetus
inundare ceperunt. Videntur enim et ipsae aliquid esse, cum nihil sint,
quia ex eo tempore ut historiae referunt ab ecclesia Romana scissae sunt,
quamvis non desint in eis reliquiae quaerentes in corde bono et integro
895 Deum patrum suorum, sicut et de reliquiis Israel Eliae dicitur: ''Reliqui
mihi septem milia virorum, qui non curvaverunt genua sua ante Baal.''[82] /

fol. 26ᵛ   Sic ergo visa est stare usque nunc orientalis ecclesia, sed vix in paucis
reliquiis stetit in fide, quia extra corpus ecclesiae seponendum est, quod
Romanae ecclesiae non adhaeret, sicut sub sexto angelo tuba canente
900 Joanni dicitur: ''Surge, et metire templum Domini, et altare, et adorantes
in eo. Atrium autem, quod est foris templum, ejice foras, et ne metiaris
illud, quoniam datum est gentibus.''[83]

Non sic autem in Juda non sic, sed licet pro sceleribus suis transmigraret
et ipsa, nihilominus tamen in Babylone posita prophetarum monita non
905 amisit, et completis septuaginta annis, percussa Babylone et rege ejus,
jubente Cyro rege Persarum terrae suae de qua transmigraverat restituta
est, et mox ut in ipsa recepta est, restauravit altare, fundavit templum,
et licet in angustia temporum templo consummato urbem sanctam restituit,
deterrentibus se in circuitu et undique et vim facientibus inimicis.

910   Igitur in tempore quinto Chaldaeorum qui regnabant in Babylone acer-
rima satis proelia subsecuta sunt, pro quibus Teutonicorum militia in nova
Babylone regnantium contra novam Hierusalem quae est ecclesia Petri,
fol. 27ʳ   et generaliter in ipsam universam / Latinorum ecclesiam a diebus Henrici
imperatoris expugnare non desinit,[84] ita ut succumbente Hierusalem glo-
915 rietur quasi domina Babylon in sceleribus suis, et domina universarum
gentium obmutescens et sustinens ingemiscat. Veniet, veniet tempus sex-

---

887 deterreret: eum *add.* BC   890 Secundum: Signum BC; orientali: origentali C
892 cum: sed A; sint: sunt A   896 septem: sextem B   898 seponendum: seponendus
BC; quod: qui BC   907 est¹ *om.* BC   910 Igitur in: Tunc BC   911 Teutonicorum:
ƚധ ᴢⰑ Ᵽⱨⱪⱨ B (fol. 114ra), C (fol. 71vb); militia: milia C   916 obmutescens: obtu-
mescens C; veniet² *om.* C

[82] 3 Kings 19:18.
[83] Apoc. 11:1-2.
[84] Seven Holy Roman Emperors were named Henry, including Henry ɪv (1084-1105
ᴀᴅ), Henry v (1111-1125 ᴀᴅ), and Henry vɪ (1191-1197 ᴀᴅ). Each of the three mentioned
seems to have occupied Rome at one time or another.

tum in quo percutietur superba, aperietque Dominus ora mutorum, et linguas infantium faciet contra illam disertas.

In tempore denique sexti sigilli, soluti sunt de carcere suo Medi et Persae ad percutiendos Chaldaeos, per quos et Babylonis superbia quae 920 ascendebat ad coelum usque ad inferos prostrata est, et humilitas Hierusalem quam suis plantis substraverat erecta est a pulvere et in altum levata.[85] Ut enim legitur in libro Esdrae quod etiam libri Regum in extrema sui parte commemorant, primo anno quo Cyrus Persa regnare coepit, utique ut doctores dicunt una pariter cum Dario Medo qui percussit Bal- 925 thasar et regnum ejus, et primus de genere Medorum regnasse legitur in Babylone, in universo regno suo scribi fecit edictum, ut quicumque esset in eo de semine Judaeorum, velletque ascendere in terram Juda ad restaurandam domum Dei quam Chaldaei succenderant, accepta libertate / a rege et donariis ex domo ejus ascenderet, et ceteri de locis suis unus- 930 fol. 27ᵛ quisque prout vellet et posset subsidia libere administraret.

Circa illud quoque tempus, utrum post necem Balthasar et regnum Darii, aut ante illud sicut ex nomine sacerdotis colligitur, qui legitur in libro Jeremiae prophetae, qui intitulatur Baruch, historia Judith completa esse probatur, in qua Nabuchodonosor rex Assyriorum elevatus regni 935 fastigio, dominum se universae terrae praedicari voluisse describitur, cujus tamen superbiam per manum mulieris viduae confutavit Omnipotens, tradito in manus ejus Holofernes principe militiae suae, per quem sibi universam terram subjugari sperabat. Secuta est sub eodem signaculo historia Esther reginae, quam quidam matrem Cyri regis fuisse putant, 940 quidam vero post Cyrum editam credunt, in qua traditur Aman secundus a rege adversus Judaeorum populum conspirasse, eumque voluisse delere de terra, sed Deus omnipotens qui prius liberavit Israel per manum viduae, ipse eripuit dispersos in gentibus studio ac favore Esther reginae, ita ut uterque populus a tam magnis liberatus periculis ageret coram Domino / 945 dies festos, qui occidit et vivificat, deducit ad inferos et reducit.   fol. 28ʳ

Quae postquam gesta sunt, etiam ipsis Medis et Persis propinatus est calix, ut nullius omnino gentis superbia pertransiret immunis, sed unaquaeque potaretur calice quo miscuit alteri, sicut per Jeremiam dicitur: "Sic ait Dominus exercituum, Deus Israel: Sume calicem furoris hujus 950

---

917 superba: superbia C   922 est *om.* BC   924 Persa: Persus BC   925 pariter *om.* BC   928 velletque: vellet quis C   928-929 restaurandam: restaurandum C   930 ex: a BC; ascenderet: ascenderent A; ceteri: ceteris C   933 qui[1]: quod BC   936 dominum: deum BC   938 manus: manu A   943 Israel: in patriam *add.* BC   944 Esther *om.* BC   949 quo: quem BC

[85] Leone Tondelli, *Il Libro delle Figure*, 2nd ed. (Turin, 1953), 1: 142-143.

de manu mea, et propinabis illum cunctis gentibus, ad quas ego mittam
te. Et bibent, et turbabuntur, et insanient a facie gladii quem ego mittam
inter eos.''[86] Cumque dinumerasset gentes plurimas adjecit et ait: Haec
dicit Dominus exercituum Deus Israel: Bibete, et inebriamini, et vomite;
955 et cadite, quia ecce in civitate in qua invocatum est nomen meum ego
incipio affligere, et vos quasi innocentes, immunes eritis? Non eritis
immunes; gladium enim voco super omnes habitatores terrae, dicit Dominus exercituum.''[87] Sic igitur Medi et Persae qui Babylonem percus-
serant, etiam et ipsi ob scelera sua percussi sunt a regno Graecorum, sicut
960 Danieli prophetae in visione septima jam antea revelatum fuerat, et in
libro visionum suarum ne oblivio raperet stilo ligatum. Gesta sunt haec
fol. 28ᵛ   omnia / sub tempore signaculi sexti, pro quibus in vicino tempore similia
consummanda sunt, ut in eis quoque apertio sexta acsi candor lucis erum-
pat, ut quae hactenus in tenebris legimus proferantur in lucem, et quae
965 aure percepta sunt in cubiculis praedicentur super tecta.[88] ''Qui ergo habet
aures audiendi, audiat.''[89]

Pro rege illo superbissimo qui sibi nomen divinum arrogare non metuit,
cujus princeps militiae Holofernes nomine a Judith honesta vidua turpiter
interfectus est, rex quidam superbissimus et ut puto ab orientis partibus
970 consurget, qui multa mala in Christiano populo committet, de quo in
sexta parte libri per angelum qui ibi hoc ostendebat inter cetera Joanni
dicitur: ''Reges septem sunt. Quinque ceciderunt, et unus est, et unus
nondum venit.''[90] Si quinque ceciderunt, et unus est, et unus nondum
venit, restat ut sermo Joannis de sexto rege, et de sexto tempore factus
975 esse credatur, sub quo librum qui signatus erat aperiri oportet.[91] De quo
etiam rege per angelum Danieli dicitur: ''Quarta bestia, quartum regnum
erit in mundo, quod majus erit omnibus regnis; et destruet universam
fol. 29ʳ   terram, et comminuet eam. Porro cor/nua decem ipsius regni, decem
reges erunt; et alius consurget post eos, et ipse potentior erit prioribus,
980 et tres reges humiliabit et sanctos Altissimi conteret, et putabit quod possit

---

951 illum cunctis: illud ceteris BC   952 turbabuntur: conturbabuntur A
958 exercituum *om.* BC   960 septima: sexta BC   964 quae: quod BC; proferantur:
proferatur BC; aure: auribus BC   965 super: supra C   968 nomine *om.* BC
969 est *om.* C   971 qui *om.* C; ibi: sibi B   972 septem: sextem B   974 Joannis:
Joanni A

[86] Jer. 25:15-16.
[87] Jer. 25:27, 29.
[88] Luke 12:3.
[89] Matt. 11:15.
[90] Apoc. 17:9-10.
[91] Tondelli, 1: 143-144.

mutare tempora, et leges; tradentur in manus ejus per tempus, et tempora, et dimidium temporis."[92] Haec de superbia.

Quid de ruina? "Et judicium," inquit, "sedebit, ut auferatur potentia."[93] Ut enim post ruinam Holofernis nulla de rege illo superbo, et regno ejus antiquitate robusto mentio vel permodica facta est, utique quia 985 deletum est et redactum in nihilum, filiis autem Israel pace reddita digniora quoque prioribus et votis faventia successerunt, videntibus fundari templum quod Chaldaei succenderant, et eodem consummato sub regibus Persarum muros civitatis restitui, ita nunc quoque rege illo prostrato regnum Saracenorum deficiet, regnum vero Christi et sanctorum ejus 990 elevabitur super verticem montium,[94] sicut de eo per Isaiam prophetam dicitur: "Erit in novissimis diebus praeparatus mons domus Domini super verticem montium, et elevabitur super colles; et fluent ad eum omnes gentes, et ibunt populi multi, et dicent: Venite, ascendamus ad montem Domini, et ad domum / Dei Jacob; et docebit nos vias suas, et ambula- 995 fol. 29ᵛ bimus in semitis ejus, quia de Sion exibit lex, et verbum Domini de Hierusalem. Et judicabit gentes, et arguet populos multos; et conflabunt gladios suos in vomeres, et lanceas suas in falces. Non levabit gens contra gentem gladium, nec exercebuntur ultra ad proelium."[95] Oportet enim prius praedicari evangelium Christi in universo mundo sicut ipse per 1000 semetipsum testatus est,[96] et ita veniet consummatio, cum videlicet rex ille ultimus regnare incipiet qui cognominatus est Gog, quem dominus Jesus interficiet, sicut et illum qui in proximo venturus est, in cujus immundo spiritu venturus est ipse Gog, quomodo in Eliae spiritu missus est baptista Joannes. 1005

Nunc de pressuris sexti temporis agendum est, quas sive rex ille undecimus sive alii reges terrae facturi sunt, eo quod multipliciter oporteat impleri quod in evangelio legimus: "Consurget gens contra gentem, et regnum adversus regnum,"[97] sicut et per apostolum dicitur: "Cum dixe-

---

981 leges: et *add.* BC; per: in BC   986 in: ad BC   991 prophetam *om.* BC
992 super: in BC   993 verticem: vertice C   994-999 ad montem ... gentem
gladium: usque ad id quod dicitur BC   1000 in *om.* C   1003 interficiet: spiritu
oris sui *add.* BC; in¹ *om.* C   1003-1004 in ... est *om.* C   1005 Joannes: Sed de hoc
in sequentibus *add.* BC   1008 Consurget: Surget BC

[92] Dan. 7:23-25.
[93] Dan. 7:26.
[94] Tondelli, 1: 144.
[95] Isa. 2:2-4.
[96] See Mark 16:15.
[97] Luke 21:10.

1010   rint: Pax et securitas, tunc repentinus eis superveniet interitus, tamquam
       ⟨dolor⟩ in utero habenti, et non effugient.''⁹⁸ Oportet enim sub hoc sexto
       tempore, similem Darii Medi regem Christianum a partibus occiduis sicut
fol. 30ʳ   ego puto consurgere, / qui novum Chaldaeorum genus, sanctae matris
       ecclesiae inimicum percutiet, et nihilominus novum Cyrum qui regale
1015   sacerdotium in excelsum constituet.⁹⁹

       Quia vero Darius Medus qui percussit Balthasar pro eo regnasse legitur
       in Babylone, nec destructa legitur Babylon a regibus Assyriorum, sed
       magis ut praedixerat Isaias¹⁰⁰ a Medorum populo desolata et a regno
       deposita fore creditur, illud aliquantulum dissonare videtur, quod ab illo
1020   rege Babylon nova in hoc libro percutienda describitur, qui Nabucho-
       donosor regem Assyriorum per concordiam respicit, qui utrum et ipse
       Babylonem percusserit incertum est; nisi forte Chaldaeam et Babylonem
       percussas jam tunc fuisse dicimus a rege Medorum et idcirco a diversis
       locis ad possidenda sancta sua Israel convenisse, prius etiam quam Cyrus
1025   Persus edictum proponeret libertatis, successisse vero Arphaxat Dario
       regi, qui regnavit in Babylone, quem videlicet Arphaxat rex Assyriorum
       obtinuisse describitur in campo Ragau, et omne regnum possessionis illius
       sibi universaliter subjugasse. Aut si regnantibus adhuc Chaldaeis, quod
fol. 30ᵛ   magis creditur, regnum Assyriorum resumptis / viribus convaluisse di-
1030   cimus, dubium non est quin regnum Babylonis circumquaque percusserit,
       cum utique regna ipsa quae Holofernes contrivit, subdita fuisse Babyloni
       et regi ejus ex verbis Jeremiae prophetae manifeste colligitur,¹⁰¹ qui ea
       regi Babylonis annis multis servitura praedixit, usque scilicet ad tempus
       visitationis ipsius.
1035   Non igitur rex ille undecimus qui regnaturus est sub tempore sexto,
       ab illo primo tyranno discordat, qui se dominum universae terrae prae-
       dicari a suis subditis faciebat, quandoquidem et ille multos populos pros-
       trasse describitur, et de regno istius in Daniele dicitur: ''Quarta bestia,
       quartum regnum erit in mundo, quod majus erit omnibus regnis; et de-

---

1012 occiduis: occidentis BC   1020 qui: quod BC   1021 respicit: respiciat BC
1022 percusserit: percusserat C   1023 dicimus: dicamus BC   1025 proponeret: proponere C   1027 possessionis: possessiones C   1028 universaliter:
viriliter BC   1029 magis: magnum BC   1030 dubium: dubitandum BC
1031 contrivit: continuit BC   1032 prophetae *om.* BC; ea: eas BC   1033 servitura:
servituras BC   1034 visitationis: visionis C   1035 Non: Haec A   1036 dominum:
deum BC

⁹⁸ 1 Thess. 5:3.
⁹⁹ Antonio Crocco, *Gioacchino da Fiore e il Gioachimismo* (Naples, 1960), p. 191;
Tondelli, 1: 144.
¹⁰⁰ See Isa. 13, 44.
¹⁰¹ See Jer. 50-51.

vorabit universam terram, et conculcabit, et comminuet eam.''[102] Et quia 1040
regnum Babylonis quod hujus mundi esse cognoscitur usque quaque dif-
fusum est, quid est quod de ea Joanni dicitur: "Decem cornua quae vidisti
in bestia, hi odient fornicariam, et nudam eam facient, et carnes ejus
manducabunt, et ipsam igni concremabunt,''[103] nisi id quod de bestia
quarta Danieli dicitur: "destruet universam terram et comminuet / eam?''[104] 1045 fol. 31ʳ
Quod autem rege illo et regno ejus deleto, regnum Persarum et Medorum
convaluit, sub quo templum et civitas restituta sunt, illud significat quod
in eadem Danielis visione concluditur: "Et judicium sedebit, ut auferatur
potentia, et dispereat usque in finem; regnum autem, et potestas, et magnitudo regni, quae est subter omne coelum, detur populo sanctorum 1050
Altissimi: cujus regnum sempiternum est, et omnes reges servient ei, et
obedient.''[105]

Interim autem consummari oportet quod in historia continetur Esther,
quod quidem ut ego puto a partibus occiduis egressurum est, sicut illud
quod pertinet ad Judith a partibus orientis oportere surgere, sub simili 1055
opinione relinquitur. Sed si rex magnus Assuerus, quod verum est, regem
coeli designat, nequaquam Aman secundus a rege tyrannum aliquem
saecularem et quasi unum de regibus mundi designat, sed magis illum
de quo loquitur dominus Zachariae prophetae dicens, et illi indicans quid
ageret, ut ostenderet quid pro culpa populi esset ipse facturus qui regnare 1060
facit hypocritam propter peccata populi, et abscondit faciem suam as-
pernen/tibus lucem. "Sume," ait, "tibi vasa pastoris stulti. Quia ecce   fol. 31ᵛ
ego suscitabo pastorem in terra, qui derelicta non visitabit, dispersa non
quaeret, et contritum non sanabit, et id quod stat non enutriet, et carnes
pinguium comedet, et ungulas eorum dissolvet. O pastor, et idolum de- 1065
relinquens gregem: gladius super brachium ejus, et super oculum dextrum
ejus; brachium ejus ariditate siccabitur, et oculus dexter ejus tenebrescens
obscurabitur.''[106] Et de his pro loco satis dictum est.

Nunc de septimo tempore et septimo signaculo videamus. [107] Secundum

---

1042 est quod *om.* A   1044 igni concremabunt: igne cremabunt BC   1050 detur:
datur BC   1055 ad: a C   1056 verum: unum B; regem: regnum C   1059 indicans: indicens A; quid: quod BC   1060 facturus: futurus BC   1061 facit: hominem
add. BC   1065 pinguium: pinguius C   1066 super² *om.* A

[102] Dan. 7:23.
[103] Apoc. 17:16.
[104] Dan. 7:23.
[105] Dan. 7:26-27.
[106] Zach. 11:15-17.
[107] Denifle, "Das Evangelium aeternum," 1: 122.

1070 illam concordiam quae duobus Testamentis consistit, si a tempore quo templum et civitas sub Zorobabel et Nehemia restituta leguntur, usque ad adventum Domini in sabbatum reputandum est, tunc persecutio Antiochi quae septima est in numero, cum extrema tribulatione quam facturus est Gog circa mundi finem concordat, et primus adventus Domini quem
1075 praeivit Joannes cum secundo quem praecurret Elias, qui etiam secundum hoc in octavo saeculo accipiendus est, in quo sunt resurrecturi mortui, /

fol. 32ʳ et sine fine cum Domino regnaturi. Secundum illam vero concordiam quae in tribus statibus assignanda est, omnia prout dictum est uniformiter observentur, excepto quod in fine secundi status nequaquam in concordia
1080 regis Antiochi, Gog tyrannorum ultimus accipiendus est, sed alius quisnam similis ejus, de quo dicit Joannes, "et unus nondum venit,"[108] et nihilominus in fine tertii status venturus est veraciter ipse Gog, facturus ea quae scribit diffusius Ezechiel propheta, et quae breviter Joannes in hoc libro pronunciat.[109]

1085 Quod ergo Daniel propheta de rege illo undecimo scribit, velut in sexto die sextae quadragesimalis hebdomadae consummandum est; quod autem de sequente locutus est, qui supra quam credi potest universa vastabit, acsi in sabbato hebdomadae sextae, quod paschalem sollemnitatem praecurrit. Et quia tempus nativitatis et resurrectionis dominicae initium tertii
1090 status per concordiam respicit, dubium non est quin finis ejus in excidio Hierusalem designetur, ut superius prout potui dictum est, quia sicut gesta illa prophetica quae in scripturis canonicis collecta sunt opera secundi

fol. 32ᵛ status significant, / ita gesta apostolica incohata a Joanne Baptista opera tertii status designant. Et notandum quod de primo rege nihil Daniel ad
1095 litteram tangere visus est, quod regnum illud Assyriorum quod regnum illud quartum designabat, eo tempore jam ex toto ceciderat. Regnum vero Graecorum, de quo egressurus erat ad litteram rex Antiochus tunc noviter incohabat, ut patenter nobis daretur intelligi, eo tempore intelligendam esse visionem, in quo regnum orientalium Saracenorum deficeret, quod
1100 in Assyriis designatum est, et regnum occidentalium incoharet, quod hircus ille caprarum, hoc est, regnum Graecorum per concordiam respicit, quorum alterum quantum mihi videtur in calce est, alterum in capite est.

Sed et illud vigilanti memoria considerandum est, quod in solo sexto tempore et sexta narratione libri sui instruit angelus Danielem, docens

---

1070 quae: in *add*. BC   1074 est *om*. C   1082 nihilominus: non minus BC
1087 qui: quod BC   1090 quin: quando BC   1092 collecta: collocata BC   1103 illud: aliud B

---

[108] Apoc. 17:10; Denifle, 1: 122.
[109] See Ezech. 38-39; Apoc. 20.

illum mysterium bestiae,[110] et in solo sexto tempore et sexta parte libri 1105
loquitur angelus beato Joanni, docens illum pari modo quid bestia illa
portenderit, ut videant et intelligant / et recogitent illi quos Daniel cas-   fol. 33[r]
tissimus et Joannes Christi electus virgo designant, in hoc tempore quod
sextum est intelligere se oportere mysteria ista abscondita a diebus antiquis
et generationibus saeculorum usque nunc, si tamen audiant vocem di- 1110
centis: "Veni, ostendam tibi damnationem meretricis magnae,"[111] et faciant quod in persona eorum de se ipso Joannes asserit dicens: "et transtulit
me in desertum in spiritu."[112] Quod autem non solum illud sed et ea quae
in septimo et octavo saeculo complenda erant, seu Danieli prophetae seu
Joanni apostolo in sexto tempore praeostensa sunt, quid sibi velit, et unde 1115
accidat, superius dictum est.

Quod ergo de hirco caprarum et cornibus ejus, et de cornu illo modico
revelatum est Danieli,[113] sub Alexandro et successore ejus necnon et
Antiocho rege completum est quomodocumque ad litteram, sicut in Sa-
lomone et templo ejus ea quae veraciter consummanda erant de Christo, 1120
ut non solum futura opera seu bona seu mala verba sonarent, verum etiam
figurae praecurrerent, et tanto operatorem Dominum futurae / populorum   fol. 33[v]
turbae cognoscerent Deum verum esse, quanto in eis verba et opera in
eadem sententia consonarent. Sic et illa visio quae in octavo loco secuta
est,[114] in qua promittebatur justitia sempiterna et abolitio culpae, ex parte 1125
non ex toto in primo adventu Domini completa est, in quo sacramentalis
baptismus qui in aqua suscipitur, exteriora et actualia crimina sicut aqua
lutum emundat, sed major est ille qui revelatus est in igne, quo etiam
cogitationum rubiginem apertiori et efficaciori gratia emundari oporteat.
Quae quidem in secundo statu vix in paucis hominibus occulte operata 1130
est, in tertio sollemniter et aperte revelanda est, ut quo ⟨magis⟩ mundi
finis urget et vicinitas regni, eo majori puritate populus Christianus eniteat, et ad venturi susceptionem regis praeparatus occurat. Unde et per
prophetam dicitur: "Ecce mittam vobis Eliam prophetam antequam veniat
dies Domini magnus et horribilis. Et convertet cor patrum ad filios, et 1135

1106 quid: quod BC   1107 portenderit: portendit B, praetendit C   1107 et[1] om.
BC; recogitent: pariter add. BC   1111-1112 faciant: faciat BC   1113 ea: illa C
1115 velit: velint BC   1120 erant: sunt C   1121 etiam: et BC   1124 Sic: Sicut BC
1127 aqua[2]: aquae A   1130 vix om. C; occulte om. BC   1131 et om. BC

[110] See Dan. 7; Apoc. 13:1, 17:12.
[111] Apoc. 17:1.
[112] Apoc. 17:3.
[113] See Dan. 8.
[114] Denifle, 1: 133.

cor filiorum ad patres eorum; ne forte veniam, et percutiam terram ana-
themate.''[115]

fol. 34[r] Tale est enim acsi diceret, / quia Joannes Baptista venturus est in aqua,
quin immo ille baptista quem designat Joannes, hoc est, unigenitus Dei
1140 cujus est ista vox, ut majora peccata abluat per activam vitam, nec tamen
plenitudo justitiae in eadem activa vita consummanda est, oportet ut
sequatur Elias non in aqua sed in igne, quin immo ille Spiritus quem
designat Elias, ut arguat mundum de peccato, de justitia et de judicio,
ut convertat corda dura et inveterata peccatis ad innocentiam parvulorum,
1145 et emundet oculos mentis ab immundis affectibus et doceat illos omnem
plenitudinem veritatis, sicut scriptum est: ''Beati mundo corde, quoniam
ipsi Deum videbunt.''[116] Et bene ait: ''ecce ego mittam vobis Eliam
prophetam,''[117] quia loquens discipulis suis Dominus de Spiritu sancto
cum adhuc in cena pariter moraretur: ''nisi,'' inquit, ''ego abiero, Pa-
1150 racletus non veniet ad vos, cum assumptus fuero mittam eum ad vos.''[118]
Quasi enim per ora prophetarum loquitur Christus, cum per eos qui in
fide catholica eruditi sunt instruit, et exercet ad bene operandum ecclesiam. Ne autem Judaeorum populus desperandum crederet cessantibus
fol. 34[v] prophetis in Malachia, per ipsum qui prophetavit / extremus, Eliam de-
1155 signatorem Paracleti promittit, ut relictis visibilibus et caducis, ad spe-
randa invisibilia et aeterna omni se conamine exercendo magis ac magis
in spiritu spreta carne proficerent. Quod tamen quia in illis significatum
est, in illis si non sumus increduli restat complendum. Sed quia id significat Christus quod Elias cum in relatione Joannis Christus accipitur,
1160 constat quod sicut populus Domini qui hactenus militavit in Christo, in
Joanne Baptista significatus est, ita populus crediturus in proximo in
Christo Jesu designatus est, utpote qui ad gaudium et laetitiam, ad cantica
canticorum et epulas spirituales vocandus est, completis scilicet Joannis
Baptistae multiformis laboris afflictionibus, transeunte imbre et hieme et
1165 vernantibus rosis. Non ⟨enim⟩ absurde populus ipse christus Domini vo-

1136 cor: corda A 1142-1143 non in aqua ... designat Elias om. A 1143 de justitia ... judicio: de judicio ... justitia A 1145 affectibus: effectibus C 1147 mittam:
mitto C 1148 Dominus om. C 1149 moraretur: morarentur BC 1150 cum ...
vos om. BC 1156 invisibilia: visibilia A; aeterna: in add. C; ac magis om. BC
1157 tamen: inde B 1158 illis: nobis BC 1158-1159 id significat: in significato
C; significat: significatio B 1159 quod ... Christus om. BC 1160 quod: quia A
1164 laboris: laboribus C; transeunte: transeuntibus BC

[115] Mal. 4:5-6.
[116] Matt. 5:8.
[117] Mal. 4:5.
[118] John 16:7.

candus est ob majorem effusionem gratiae et donorum Spiritus sancti, quem tamen circa finem occisurus est exercitus Gog, seductus a Satana, et de pharetra sua repente productus, ut discat humiliari in principio cujus tam terribilis erit finis.

Erit enim populus ille, ut jam dixi, sicut Salo/mon pacificus qui suc- 1170 fol. 35ʳ cessit bellicoso David, qui quidem in principio amabilis Domino dictus est, sed in fine odiosus et contumeliosus fuit. Quanta enim mala facturus sit in fine saeculi ipse qui pro peccatis hominum de carcere suo solvendus est rex aquilonis, in ultima visione Danielis ostenditur.[119] Quod licet obscurum sit et opertum velamine, non pauca tamen ex eo percipere et 1175 exprimere potest, qui regem austri intelligit esse Christum Jesum, qui proeliatur in corpore suo usque in finem, in rege vero aquilonis diabolum qui operatur in filiis diffidentiae, in tyrannis hujus mundi et principibus saeculi. Erit enim tribulatio ista in fine tertii status, designata, ut superius diximus, in excidio Hierusalem, assimilata vero per concordiam ei quae 1180 facta est sub Antiochio in fine primi status, et ei quae futura est sub rege illo septimo quem scribit Joannes.

Non solum autem in tribus istis manere consonantia ista credenda est, verum etiam in magnis Domini satisque venerandis operibus ut ea scilicet concordia habeatur inter secundum statum et tertium, quae habenda est 1185 inter primum / et secundum, ut quomodo Filius locutus est de Patre et fol. 35ᵛ de se dicens: "Pater meus usque modo operatur et ego operor,"[120] ita Spiritus sanctus opere magis quam voce de Filio et de se loquatur et dicat: Filius cum Patre usque modo operatur et ego operor. Nec exigenda est a nobis quia haec dicimus concordia ista, quae, sicut jam diximus, futura 1190 est, sicut non erat exigenda in diebus Joannis Baptistae concordia status secundi, cum solus adhuc primus paries constructus esse videretur, et una, ut ita dixerim, telae facies, quae absque parte altera concordare non poterat. Non enim adhuc in apertione primi signaculi,[121] pro Aegyptiis sequentibus Israel Judaei persecutores apparuerant, nec in apertione se- 1195 cundi pro Chananaeis pagani, nec in apertione tertii pro scissione Israelis a domo Juda, scissio Graecorum a Romana ecclesia, aut pro erroribus

---

1166 ob majorem effusionem: ab majore effusione B   1170 ut: ubi B   1171 dictus: dictum C   1172 fuit: apparuit BC   1179 enim: autem BC; fine: finem BC   1181 est¹ *om.* B   1182 septimo *om.* C   1185 habenda: habita BC   1187 ego operor: cetera C   1189 Nec: Non A; exigenda: exienda C   1191 erat: est C   1193 telae: talis BC   1195 sequentibus: persequentibus B, prosequentibus C

[119] See Dan. 11.
[120] John 5:17; Denifle, 1: 105.
[121] See Apoc. 6.

Israelis quibus etiam Juda foedatus est, errores Arianorum et aliorum
multorum ex Graecorum populo pullulantes et Latinos foedantes, aut pro
1200 hostibus Judae et Israelis, Gothi, Vandalii, Langobardi et Persae; nec in
apertione quarti pro Assyriis Saraceni, nec in apertione quinti pro Chal-
fol. 36ʳ   daeis Alemanni, nec in apertione sexti pro ultimo rege / Assyriorum rex
ille undecimus, qui in proximo revelandus est, aut pro Antiocho ille alius
qui secuturus est, nec omnino multa alia bona vel mala, quae singula pro
1205 singulis data sunt. Et ideo in illis diebus loqui de concordia secundi status
Christiani non poterant, quia nondum venerat tempus illud statutum, de
quo dicit angelus Danieli: "Vade, Daniel, quia clausi sunt signatique
sermones pertransibunt plurimi, et multiplex erit scientia."[122]
Sicut ergo illo in tempore de prima hujuscemodi facie loqui homines
1210 poterant, de secunda non poterant, ita nos de utroque stamine, ut ita
dixerim, loqui possumus, sed plene de sub tegmine loqui nequimus;
quamvis et opera ipsa adhuc futura in textura a nobis assignari nequeant,
quod tamen ita futurum sit, et quod sit illud opus tertium, cum se op-
portunitas dederit pronunciari potest, propter illa quae superius diximus,
1215 quando de duobus gomor ageremus, quia videlicet etsi regi David aedi-
ficare templum datum non est, impensas tamen ex majori parte ipse ut
praeambulus praeparavit; et Joanni Baptistae necdum plene scienti per-
fol. 36ᵛ   sonaliter / Christum, quod tamen praesens esset et quantus esset scire
concessum est, eique jam quantum poterat testimonium publice perhi-
1220 bebat. Sicut ergo scriptura veterum usque ad initium sextae aetatis expectare concordiam secundi status incohandi ad adventum Domini
nesciebatur, quo usque Dei Filius a mortuis resurrexit, ad quod etiam
illud pertinet quod ipse ait: "Nemini dixeritis visionem, donec Filius
hominis a mortuis resurgat,"[123] ita librum Apocalypsis et Evangelia et
1225 librum Actuum Apostolorum expectare aliquid per concordiam in tertio
statu, qui modo secuturus est, usque ad initium aetatis septimae occultari
et contegi oportebat, ne mysteria ante tempus revelata vilescerent et tanto
minus fastidientia corda tempore faciendi perpenderent, quanto de prae-
sentiae copia et archanorum notitia superbirent.

1198 Juda *om*. A   1202 rex: Assyriorum *add*. C   1205 ideo *om*. A   1207 angelus: Domini *add*. BC   1209 hujuscemodi: hujusmodi, B, hujus C   1210 stamine:
statu BC   1211 de *om*. A   1212 et: etsi A   1214 propter *om*. C   1220 veterum:
venturum BC   1221-1222 ad ... nesciebatur: ab adventu Domini nesciebat BC
1224 librum: liber BC   1225 librum: liber BC; aliquid: aliquot C   1226 qui:
quodam BC   1227 tempus: Christum BC   1227-1229 et tanto ... superbirent *om*. A

[122] Dan. 12:9, 4.
[123] Matt. 17:9.

Nunc igitur tempus est, et vere tempus ut occulta libri hujus revelentur 1230
mysteria, cum non licet alicui intumescere de scientia, sed cogitare de
naufragio quod imminere perpendit. Nec illa, ut dixi, ad praesens acutius
exquirenda sunt opera, quae complenda sunt in tertio statu, sed ea quae
in secundo statu completa sunt, secundum quod ea in modum / litterae   fol. 37ʳ
tangere liber iste visus est, donec veniat tempus illud, quo magis spiri- 1235
tualiter compleantur. Pro eo namque quod liber iste, sicut et Evangelia
quattuor et liber Actuum Apostolorum medius est, inter primum statum
in quo litteralis intellectus vigebat, et tertium ubi Spiritus plene manifestus
erit, editus esse cognoscitur, ita inter utrumque medie temperate procedit,
ut et primus intellectus ejus parum distare videatur a littera, et secundus 1240
in Spiritu exquirendus sit, nimirum quia opera secundi status magis spiritualia sunt quam opera primi, minus quam tertii, et idcirco in intellectu
primo ex parte praefertur litterae non ex toto, in secundo vero integre et
perfecte praeponitur.

Sed quia tempus adhuc parumper distat, ut ille intellectus qui perfecte 1245
erit in Spiritu assignari queat, magisque nobis incumbit assignare ea quae
in statu secundo completa sunt, respondentia operibus testimonii prioris,
sicut in opere *Concordiae*, quantum Deus donavit, ostendimus, operae
pretium credidi ea ipsa quae consonare veteribus simplici asserti/one   fol. 37ᵛ
monstravimus, pro eo scilicet quod historiae quas ecclesiasticas dicimus, 1250
minus authenticae judicantur, ex libro Apocalypsis qui tantae est auctoritatis ostendere, ut tanto securius illi operi fidem accomodare possimus,
quanto concordiam rerum et temporum quae in eo praestante Domino
claruisse cognoscitur, nequaquam sensus hominis adinvenit et protulit sed
is qui in utroque testimonio loquitur Spiritus edidit prophetiae.   1255

Denique et ego cum librum hunc lectitare coepissem, et adhuc concor-
diarum sacramenta nescirem, quo illuc impetu a primo ductus sim nescio,
Deus scit. Unde scio quod nequaquam historiarum peritia ad concordiae
notitiam perductus sum, sed sola praeteritorum operum, hoc est, testimonii veteris comparatione pulsatus, credens discordare non posse in 1260
corpore quod in capite concors inveni, nec otiosum fore in reliquis sanctis
quod in patriarchis et apostolis concordare perpendi, dedi operam in hoc

1230 et vere tempus *om*. C   1231 non: nam C   1234 completa: complenda BC
1235 iste: per tempora *add*. BC; visus: usus C   1236 compleantur: compleatur BC;
et *om*. BC   1239 medie: media C   1240 parum: patrum C   1242 in *om*. BC
1246 magisque: magis quod C   1247 testimonii: testamenti B   1248 opere: operibus BC   1250 dicimus: non *add*. BC   1254 sensus *om*. BC; adinvenit: adjuverunt C
1255 is: his BC   1255 testimonio: testamento BC   1256 lectitare coepissem:
latitare comperissem BC   1257 a ... sim: ad primae ductus sum B, ad primae ductum
sim C   1259-1260 testimonii: testamenti BC

ipso, ut quantum Deus mihi concederet testimoniorum concordiam compi-
larem, sed an scrupulosis mentibus satisfecerim nescio.[124]

fol. 38ʳ 1265   Quocirca quia sicut nec Pater / sine Filio nec Filius sine Patre est, ita
nec vetus Testamentum sine novo, nec novum sine veteri concordare quis
potest, et tamen ut de Patre Filius, ita novum de veteri Testamento processit, sit liber ille si placet testimonii veteris proprius, iste novi, ut in
ore duorum testium, hoc est, Patris et Filii in duobus testibus loquentium
1270   tam mire sibi concordantibus stet omne verbum, donec reveletur apertius
tertius testis, qui cum venerit totius dubietatis amovebit caliginem, et
docturus est electos suos omnem plenitudinem veritatis. "Pater meus,"
inquit Dominus, "usque modo operatur, et ego operor,"[125] ipse in veteri,
ego in novo, licet nec ipse sine me, nec ego sine ipso, quia omnia quae
1275   habet Pater mea sunt, et omnia quae ego habeo ejus sunt. Attamen ut
duo esse sine cunctatione credamur, ipse operatus est manifeste in veteri,
cum adhuc ego manerem occultus, nunc vero ego operor ut cognoscat
me mundus, et omnes honorificent Filium sicut honorificant Patrem. Haec
de se.

1280   Quid vero de Spiritu sancto? "Multa," inquit, "habeo vobis dicere;
sed non potestis portare modo. Cum autem venerit ille Spiritus veritatis,
fol. 38ᵛ   docebit / vos omnem veritatem."[126] Hoc promissum perpaucis completum
est, hoc est, apostolis, licet legamus apostolum dicentem: "Ex parte
cognoscimus, et ex parte prophetamus; cum autem venerit quod perfectum
1285   est, evacuabitur quod ex parte est."[127] Restat ergo ut sacramentum istud
taliter completum esse dicamus, ut tamen in die Paschae quo datum est
primo apostolis munus illud, tempus tertii status accipiamus in quo accepturi sumus plenius ad contemplandum, quod ad bene operandum hactenus accepisse videmur, gratia nobis data pro gratia. Quod autem in die
1290   Pentecostes consummatum est in apostolis, post novissimum diem saeculi
consummandum est in omnibus sanctis. At de his alias.

Illud vero quod in promptu est quantum ipse de quo loquimur dederit
exequamur, et quod in illo primo opere laboriose ostendimus innitentes
veteribus, amplectentes in hoc secundo novum Apocalypsis librum, studio

---

1263 testimoniorum: testamentorum BC   1268 testimonii: testamenti BC
1269 testibus: testamentis C; sibi *om*. C; concordantibus: concordantium C
1271 amovebit: admovebit C   1273 veteri: et *add*. BC   1275 ejus: sua BC
1276 cunctatione credamur: curatione credamus B   1280 vero: et *add*. A
1282 perpaucis: properantius BC   1289 videmur: videmus C; data: est *add*. BC

[124] Mottu, p. 116.
[125] John 5:17.
[126] John 16:12-13.
[127] 1 Cor. 13:9-10.

quo possumus exquiramus, ut dum alteram per alteram cernimus, una ex 1295
utroque veritas illustrata clarescat. Primo itaque discutiendum est, quae
sunt generales libri partes, et ita demum de specialibus quod ratio dic-
taverit inquiremus. /

Generales libri partes septem sunt, speciales plurimae, eo quod singula   fol. 39ʳ
septem partium quibusdam certis capitulis distinguatur, licet in quarta 1300
parte libri, et sexta et septima non adeo distinctiones ipsae manifestae
sint quomodo in ceteris partibus, sed tamen ex quibusdam numeris et
operibus consonare in hoc ipso reliquis partibus comprobantur, de quibus
quod Deus donaverit in suis locis dicetur. Generales itaque libri partes
septem sunt, si tamen quae de sexto et septimo tempore scripta sunt, acsi 1305
duo mannae gomor sub uno sexto tempore coartentur, ut sub uno videlicet
sexto tempore utriusque doctrina temporis proferatur.

Ac per hoc aperte datur intelligi geminam esse sextam partem, et
duorum in se temporum gesta, sexti scilicet et septimi, ut superius jam
diximus, continere. Et ob hoc septima libri pars quae et octava non 1310
incongrue dici posset, nequaquam secundum hoc aetatem septimam tangit
sed octavam, sive, ut dicamus melius, et secundum aliquid septimam et
secundum aliquid octavam, quia et pars quaedam claritatis Hierusalem
manifesta erit in septima, et tota generaliter in octava. Et idcirco non
absurde / pars sexta gemina est, ut et per hoc quod septima pars supernae 1315 fol. 39ᵛ
civitati relinquitur, partem claritatis ejus septima aetate saeculi revelan-
dam esse fidelibus agnoscamus; et per hoc quod sexta pars gemina est et
duo tempora tangit, perfectionem claritatis ejus in octavo et aeterno saeculo felicius quam in septimo affuturam speremus.

Quocirca nec vacare a mysterio credendum est, quod Graeci diebus 1320
sabbatorum praeter quam uno sabbato non jejunant, sicut nec illud vacare
potuit quod Judaei operari sabbatis crimen putabant, quos tamen in hujusmodi otio eo litteralis intellectus occidit, quo Spiritus non vivificat.
Quod si et Graeci quoque si sane saperent timere debuerant, nequando
et ipsi deficiant in vetustate litterae, si novitatem spiritualis intellectus 1325
apprehendere nolunt.

Nos autem attendamus mysteria, in quibus major filius juniori deservit.
Quod carnalis illa observatio sabbati sub statu primi temporis designabat,
in tempore secundi status consummatum est, quando fideles populi li-

---

1301 et¹: in *add.* BC   1305 quae: quod C   1306 mannae: magnae B; sexto ...
uno *om.* C   1309 se temporum: in sexto C; se ... scilicet: sexto gesta sexti
sigilli B; jam *om.* C   1310 continere: contineri BC; secundum hoc: solum BC
1316 civitati relinquitur: civitatis relinquetur B, civitatis relinquatur C   1324 si¹:
sibi BC; saperent: sperant B, sapiant C; nequando: nequam C   1326 nolunt: volunt B
1327 juniori: minori C

1330 bertate potiti a servili et carnali opere legis liberati sunt, et ab opere servili
fol. 40ʳ   quod de veteri parente contraxerant / praestante Christi gratia sabbatizare
      coeperunt, metuentes iram judicis si dies salutis in vanum accipiant, et
      tempus acceptabile opere servili commaculent. Quod autem Graecorum
      populus qui in multis superstitionis Judaicae usque in praesentem diem
1335 immitator existit, epulari non mediocriter diebus sabbatorum elegit, atque
      hoc in omni tempore status secundi pertinaciter tenuisse cognoscitur,
      divino judicio accidisse nemo dubitet, qui ante quam veniat spirituale,
      praemittit quod animale est, ut tamdiu maneat in domo filius ancillae,
      quamdiu aut natus non est, aut si natus necdum adultus, necdum eman-
1340 cipatus a patre, et libertate donatus filius liberae, qui "sub tutoribus et
      actoribus est, usque ad praefinitum tempus a patre."¹²⁸

      Quod ergo sub secundo statu Graeci hactenus servasse noscuntur, in
      tertio statu quod erit magnum sabbatum consummandum est, in quo
      reficiendae sunt animae justorum epulis spiritualibus, de quibus in quarta
1345 parte libri de contemplatorum ecclesia dicitur: "Et mulier fugit in soli-
      tudinem, ubi habet locum paratum a Deo, ut ibi pascant illam diebus
fol. 40ᵛ   mille ducentis sexaginta."¹²⁹ Hoc spirituale pran/dium designatum est in
      Elias,¹³⁰ quem postquam recessit a torrente Carith ubi pascebatur a corvis,
      pavit mulier Sarephtena pane subcinericio et oleo, quae doctrinam purae
1350 fidei et caritatis designant; quam ecclesia Latina membris Christi devo-
      tissima obtulit, non pane fermentato et carnibus quae obtulerunt corvi,
      quae doctrinam multipliciter corruptam sicut Origenis et carnales insti-
      tutiones suas, et scripturas apocryphas quas indifferenter accipiunt, et
      quas ipsi obtulerunt et praetulerunt designant; propter quod recessit ab
1355 illis gratia, et ad ecclesiam Romanam transmissa est, cujus non deficiet
      fides, quam etsi cribrari oporteat sicut triticum, portae tamen inferi non
      praevalebunt adversus eam.¹³¹

      Quocirca perpendat Graecus et videat, ne sibi paleas Latino vero congreget
      fructum, quoniam quidem ille vere epulatur sabbatis qui in eis studet
1360 mentem implere non ventrem, nimirum quia sabbatum illud contempla-

---

1330 et¹: a *add.* C   1331 contraxerant: contraxerunt A   1332 iram: vestra C
1335 non *om.* BC   1336 secundi: saeculi C   1337 qui: quod BC   1337-
1338 spirituale ... maneat *om.* BC   1339-1340 emancipatus: mancipatus C
1340 donatus: datus BC   1343 sabbatum: et *add.* B   1348 Elias: Eliam BC
1352 Origenis: originem BC   1359 fructum, fructus BC; eis: ejus B

¹²⁸ Gal. 4:2.
¹²⁹ Apoc. 12:6.
¹³⁰ 3 Kings 17:3, 5.
¹³¹ Matt. 16:18.

torum erit, quorum initium est jejunare a vitiis et a cibis, ut spiritualibus /
epulis impleantur, et gustare per excessum mentis quam dulcis et suavis fol. 41ʳ
est Dominus. Desinat ergo, desinat superstitio ista. Desinant Graeci cum
corvo non redire ad arcam, magis redire cum columba, proferentes in
ore ramum olivae virentem foliis, verba dumtaxat fidelia et spiritualia 1365
quae decent sanctos, ut et ipsi sancti cum columba conserventur in arca.[132]
Ceterum quod mysterii est, recte sabbato illo quod paschale festum praeit,
affliguntur pariter et ipsi nobiscum, quia sabbatum istud non epularum
dies sed tempus designat afflictionis permaximae, quae futura est sub
rege illo quem scribit Daniel, cujus supra fecimus mentionem, qui supra, 1370
ut ait, credi potest, universa vastabit.[133]

Quia vero mentio de sabbatis facta est, in his quae praescripsimus et
in scribendis facienda occurret, operae pretium arbitror quid differat inter
sabbatum et sabbatum diligenti scrutatione discutere, ne pro eo quod
diversa sunt sabbata et diversa mysteria sabbatorum, aliud occurrens pro 1375
alio intellectum obscuret, / et sicut accidere ⟨potest⟩ in similibus rebus fol. 41ᵛ
occupata mens circa plurima ad diversa discurrat, et alia pro aliis acci-
piendo desipiat.

Sabbatorum ergo genera plura sunt. Est enim sabbatum historicum, et
est sabbatum morale. Est sabbatum typicum, et est sabbatum contem- 1380
plativum. Unumquodque istorum praeter contemplativum multiplex est,
quia multas eorum singulum species habere cognoscitur. Sabbatum historicum est, diei, mensis, et anni, quia et diem et mensem et annum
custodire primus populus jussus est. Sabbatum morale est quasi diei, cum
quis post lectionem et psalmos redit ad opus, et iterum post laborem ad 1385
contemplationem recurrit. Est et sabbatum quasi mensis, cum relicta quis
vanitate saeculi Deo se totum exhibet mente et corpore serviturum. Est
et quasi anni, cum seminatur corpus animale ut requiescat anima, donec
peracto sabbato suo corpus recipiat spirituale. De hoc sabbato dicit apostolus: "Qui ingressus est in requiem ejus, etiam ipse requievit ab operibus 1390
suis, sicut a suis Deus."[134] Sabbatum typicum illud est, quod de figuris

---

1361 initium: vitium A; ut: a *add.* BC   1363 Desinat: Designat B; desinat *om.* C
1366 decent: decet BC; cum *om.* BC   1368 affliguntur: affligentur BC; pariter:
partem C; istud: illud C   1369 dies: est *add.* BC   1371 vastabit: Quid differat inter
sabbatum et sabbatum? *add. manus altera.* A   1373 operae pretium: operpretium A
1378 desipiat: despiciat C   1380-1381 contemplativum: contemplatum C
1381 contemplativum: contemplatum C   1384 jussus: visus BC   1385 lectionem ...
laborem: studium vitae activae BC   1391 sicut: et *add.* A

[132] See Gen. 8:8-12.
[133] Dan. 8:24.
[134] Heb. 4:10.

Testamenti veteris in novo colligitur. Est autem et ipsum quasi diei, cum
fol. 42ʳ   singulis temporibus sextae aetatis usque ad / sextum tempus, hoc est,
singulis sex temporibus inesse sabbatum intelligitur, eo quod per singula
1395   sex certaminum dederit Deus pacem ecclesiae suae, ut requiesceret intervallis temporum a laboribus.¹³⁵

Ut enim singula hebdomadarum quadragesimae sabbatum suum habere
dignoscitur, ita singulo ecclesiae tempori datum est habere sabbatum
suum, ne protelata nimis afflictione desperationem subiret. Est et sab-
1400   batum quasi mensis, cum consummatis sex temporibus aetatis sextae
sequetur sabbatum majoris gloriae, acsi hebdomadas quadragesimae hebdomada Paschae. Est nihilominus quasi anni, cum consummatis sex aetatibus mundi sequetur sabbatum aetatis septimae, quod erit tempus tertii
status cujus supra fecimus mentionem. Secundum vero anagogen, unum
1405   erit sabbatum contemplativum, quod erit in vita futura, quod eo modo
assignandum est quo superius diximus, videlicet ut sextam aetatem mundi
usque ad finem saeculi protendamus, eo quod infra pressuras mundi verum
esse sabbatum nequeat, respectu illius sabbati quod in patria est. Sive
autem de isto sabbato, sive de illo quod typicum est, in epistola ad
fol. 42ᵛ 1410   Hebraeos / per apostolum dicitur: "relinquetur sabbatismus populo Dei."¹³⁶
Hoc de tribus generibus sabbatorum, quae per tres intelligentias mysticas
huc illucque discurrunt, juxta consuetum usum et sollemnem intelligen-
tiam scripturarum.

Verumtamen alio modo tria sabbata assignari queunt, quorum tertium
1415   illud est, quod in tertio statu saeculi diximus affuturum, de quo in hoc
articulo tacendum non est, eo quod alio modo quam praediximus status
mundi hujus distinguatur. Horum primum fuit ante legem, secundum sub
lege, tertium sub gratia. Ante legem fuit sabbatum per quadringentos
quadraginta annos, manentibus filiis Israel in Aegypto; hoc est, ex eo
1420   tempore quo patres eorum ingressi sunt Aegyptum usque ad Moysen, qui
filios Israel patres nostros de regno Aegyptiorum eripuit, et ad terram
fluentem lac et mel, et montes satis uberes ut littera extra resonat, si
tamen sic ad litteram tenendum est, et non magis ad Spiritum invitavit.
Secundum sabbatum sub lege fuit, cessantibus historiis et prophetis, a

---

1394 per *om.* A   1399 afflictione: afflictio A   1401 hebdomadas: hebdomada A   1402 nihilominus: non minus BC   1405 contemplativum: contemplatum C; quod²: quidem *add.* BC   1407 saeculi: mundi BC   1410 dicitur: dicatur
BC   1412 discurrunt: discurrant B, discurrent C   1417 Horum: Harum C
1422 ut: et C; resonat: resonet C

¹³⁵ Mottu, p. 225.
¹³⁶ Heb. 4:9.

diebus scilicet Malachiae prophetae / usque ad Joannem Baptistam. Sane 1425 fol. 43ʳ
tertium sabbatum sub gratia futurum est, a tempore quo diabolus incar-
cerabitur ut non seducat amplius gentes usque ad finem saeculi, cum
venturus et praecursurus judicem expectatur Elias.

Et quia scriptum est de primo trium ad litteram per quendam sapientem:
dum medium silentium tenerent omnia,[137] quod tantum in Spiritu de se- 1430
cundo intelligendum est, quaeritur non absurde utrum etiam secundum
sabbatum et tertium silentium habeant, et quale sit singulorum silentium.
Si incipimus enumerare gesta patrum, cursusque temporum et annorum
per singulos, exordientes ab Adam, non deficiet in eis sermo divinus et
numerus annorum per patriarchas singulos, usque ad Joseph qui mortuus 1435
est in Aegypto, et annumeratus patribus, deficientibus in eis historiis et
computationibus temporum.

Ex eo namque tempore usque ad Moysen de nullo nepotum Jacob
scriptum est, quod cum esset tot annorum genuerit talem aut talem, etsi
videatur scriptus numerus annorum vitae Levi et filii ac nepotis ipsius, / 1440
per quem tamen chronicaria tempora assignari non possint, nisi quod in   fol. 43ᵛ
summa et confuse traditum est, quod habitatio filiorum Israel in Aegypto
fuerit quadringentorum annorum. Sed neque alicujus opera scripta sunt,
sicut antea fieri consueverat, et sicut in sequenti tempore a Moyse usque
ad Esdram, ut esse tempus illud trium sabbatorum tam silentium doceret 1445
quam otium.

Eodem modo a Zorobabel usque ad Joannem Baptistam, neque per
Regum chronicam, neque per patrum genealogiam annorum summa distincta est, sed neque gesta aliquorum usque ad Machabaeos in libris
canonicis scripta sunt, neque libri ipsi sicut magna illa Prophetarum et 1450
Hagiographorum volumina in catalogo scripturarum recepti sunt, sed fuit
silentium prophetarum in omni tempore illo, donec omnipotens Dei sermo
de regalibus sedibus adveniret. Ut autem in silentio primo summa quidem
annorum colligitur, sed tamen de principio dubitatur, ita et hic quoque
dictum est Danieli in spiritu, ab exitu sermonis usque ad Christum ducem, 1455

1429 est *om.* C   1430 omnia: Et *add.* C   1431 absurde: absurdum B
1432 habeant: habeat A   1435 annorum: animarum BC   1436 annumeratus:
adnumeratus est BC   1436 temporum: annorum BC   1438 nepotum: nepote BC
1439 genuerit: genuit BC   1441 chronicaria: chronica vel BC; possint: possunt C
1442 confuse: confusione C   1443 sunt *om.* BC   1445 esse *om.* BC; illud:
primum *add.* BC   1450 sicut magna: sint magistra C   1451 recepti: recepta BC
1452 omnipotens: omnipotentis C   1453 summa: summo C   1454 annorum:
animarum BC; principio: primo BC   1455 dictum est: dicitur BC

[137] Wisd. 18:14.

hebdomadae septem erunt, et iterum sexaginta duae;[138] sed tamen de
fol. 44[r] principio usque hodie dubitatur. Qua / in re illud mihi significari videtur,
quod numerum annorum tertii sabbati quod futurum est, incertum omnipotens Deus esse velit, ut nullus mortalium scire possit, qua die vel
1460 qua hora ad extremum exercendum judicium judex judicum venturus sit.

Ut autem in tribulatione prima quae facta est in Aegypto a duobus
regibus Aegypti missus est contra ipsos Moyses, in ea vero quae facta
est in terra Juda a primo et secundo Herode missus est Joannes Baptista,
ita in ea quae futura est in diebus Gog venturus creditur Elias, ut ita ipse
1465 praecurrat judicem, quomodo Joannes Baptista missus est praecurrere
redemptorem. Et quia misso ad pharaonem Moysi datus est in socium
Aaron, non frustra tenet opinio venturum et Enoch cum Elias, licet de
hoc quod duo prophetae traduntur in libro isto occidendi a bestia, occultum
atque involutum satis relinquatur mysterium, eo quod liber Apocalypsis
1470 duos intellectus mysticos demonstretur habere, quorum primus in secundo
statu consummandus est, secundus in tertio, nec tamen in genere libri
fol. 44[v] sed in specie, pro eo scilicet quod in genere libri cursus / temporis tangitur
usque ad novissimum diem, in specie vero usque ad initium tertii status,
et in tertio intellectu ab initio tertii status usque in finem, praesertim cum
1475 generalis intellectus magis tangat statum secundum, specialis magis tertium, quod qualiter intelligi debeat in sequenti dicetur.

Si autem intellectus typicus duplicandus est, quis scit utrum istud in
Spiritu an in littera consummari oporteat, ut quomodo Elias bis venturus
erat,[139] qui venire semel promissus fuerat, primo quidem in persona Joan-
1480 nis, secundo veraciter in se ipso, ita quod de prophetis dictum est bis
consummandum accipitur? Quocumque autem modo istud se habeat, illud
tamen apud omnes irrefragabiliter certum est, quod sicut Moyses missus
est in fine temporis quod fuit ante legem, Joannes Baptista in fine temporis
quod fuit sub lege, ita in fine temporis quod est sub gratia Elias propheta
1485 venturus est, qui sicut ait Dominus in evangelio, ipse restituturus est
omnia.[140] Designat autem Moyses personam Patris, utpote qui genitor
fuit; Joannes qui non genuit, Christum Jesum, qui sicut dicit Joannes /

1456 septem: septuaginta BC; sexaginta duae: septuaginta duo B   1457 principio:
primo BC   1458 tertii: trium BC   1466 est om. B   1467 tenet: teret C; et: etiam BC
1468-1469 traduntur ... atque om. BC   1470 mysticos: typicos BC; demonstretur:
demonstraretur BC   1472 in: a C   1474 et ... status om. C   1477 istud: illud BC
1479-1480 Joannis: dictum est add. BC   1480 dictum est om. BC   1481 accipitur:
accipiatur BC; illud: illuc C   1485 ipse: cum venerit add. BC

[138] Dan. 9:25.
[139] See Mal. 4:5.
[140] Matt. 17:11; Mark 9:11.

cujus est liber iste, "in aqua venit et sanguine;"[141] Elias Spiritum sanctum,   fol. 45ʳ
qui in specie quondam ignis apparuit.[142]

Ut enim ministerium suum in aqua Joannes, ita suum in igne consum- 1490
mabit Elias. Qui videlicet Elias nec usquam filium habuisse legitur, et
omnino cujus fuerit filius reticetur, ut specialius procedentis Spiritus quam
gignentis Patris, aut nascentis Filii typum tenuisse monstretur. Si autem
in hac parte Moyses quidem Dei Patris, Joannes Baptista Filii, Elias
Spiritus sancti similitudinem gerit, quid est quod Elias tempore primo 1495
Moysen secutus est, secundo Joannem, nisi quia unus atque idem Spiritus
a Patre Filioque procedit? Qui etiam propter hoc ut Deo Patri in veteri
cooperatus est, loquens verba mystica per prophetas, ita in Testamento
novo cooperatur Filio, loquens in eisdem verbis mysticis per doctores
ecclesiae.   1500

Quocirca etsi primum silentium sabbatum dici potuit, quia numquam
est Pater absque illo qui ab ipso procedit, etsi secundum silentium sabbatum dici potuit, quia numquam est Filius absque Spiritu sancto, qui ab
ipso quoque sicut et a Patre procedit, quoniam quidem ad ipsum pertinet
requies sabbati, sicut dicit apostolus, "ubi Spiritus Domini, ibi liber- 1505
tas,"[143] specialius tamen silentium quod futurum / est, sabbatum vocari   fol. 45ᵛ
potest, eo quod magis proprie pertineat ad Spiritum sanctum qui est
bonitas Dei, per quam accipientes fiduciam efficiamur filii et heredes,
"heredes quidem Dei, coheredes autem Christi."[144]

Dicitur autem sabbatum tempus primi silentii, respectu illorum tem- 1510
porum quae fuerunt ante legem usque ad tempus illud quo descendit Israel
in Aegyptum. Secundum quoque silentium sabbatum dictum est, respectu
illorum temporum quae sub lege et prophetis decursa sunt usque ad Ma-
lachiam prophetam. Tertium respectu illorum quae hactenus sub gratia
decursa sunt, et usque ad finem sexti temporis in aerumnis et gemitibus 1515
peragentur. Sicut autem silentium primum judicium Sodomae anteivit,
secundum Babylonis primae quae fuit metropolis Chaldaeorum, ita silentium novum quod in proximo futurum est, judicium Babylonis novae
quod in sexta parte libri hujus Joannes annotavit praecurret.

1488 est *om*. C   1490-1491 consummabit: consummavit A   1491 Qui ... Elias
om. C   1493 gignentis: gigneritis C, gigentis A; Patris *om*. C   1497 etiam ... ut: sicut
BC; veteri: Testamento *add*. BC   1501 etsi: et B   1502 illo qui: Spiritu sancto, quia
BC   1502-1504 etsi ... procedit *om*. BC   1507 pertineat: pertinet BC
1513 decursa: discursa BC   1514 illorum: novorum BC   1515 decursa: discursa BC
1516 peragentur: peraguntur A; anteivit *om*. BC

141 1 John 5:6.
142 See 3 Kings 18:38.
143 2 Cor. 3:17.
144 Rom. 8:17.

1520   Nec putetur contraria definitio ista ei quae de tribus statibus facta est,
quorum primum ab Abraham, secundum a Joanne Baptista, tertium a
tempore isto in mysterio sanctae Trinitatis incohatum diximus, quia sensus
fol. 46ʳ   ille typicus est, et infra mundi limitem coartatur, iste vero anago/gicus,
et usque ad aeternam felicitatem pertingit. In illa per unum populum qui
1525 fuit ante legem divinae unitas naturae signatur, per tres autem distinctas,
populi qui per singulos trium statuum electi, et praeelecti sunt, individuae
Trinitatis mysterium. In ista per populum qui fuit ante legem persona
Patris designata est, per eum qui sub lege fuit persona Filii facti sub lege,
per eum qui sub gratia illustratus est, et adhuc in proximo illustrandus,
1530 persona Spiritus sancti, qui pro eo quod in duobus praeceptis cordibus
electorum infunditur, primo quidem in specie aurae deinde in splendore
ignis sanctis apostolis datus est, ut non frustra tempus gratiae quod modo
agitur duplex esse intelligatur. Cum autem in tribus istis temporibus
sacramentum Trinitatis accipitur, tunc summae et individuae unitatis mys-
1535 terium in futuri saeculi statu assignatur, ubi revera unum erit et simplex
electorum collegium, unum cor, una anima, sed et una voluntas.

In tribus itaque statibus qui infra mundum sunt, ex parte data est
consolatio, ut per bona quae temporaliter percipimus firma sit expectatio
fol. 46ᵛ   futurorum. In primo deni/que sabbato sublimatus est Joseph in Aegypto,
1540 et universa domus Jacob requievit in pace. In secundo restituto templo
muri civitatis obducti sunt, destruxerat enim illos rex Babylonis, prae-
bentibus subsidia regibus terrae et honorantibus domum Dei et ministros
ejus et urbem, licet non defuissent insidiae quaerentium malum filiis Juda,
et deterrentium undique ne opus incohatum perficerent. In tertio quoque
1545 sabbato reaedificandum est templum Dei, reaedificanda est sancta civitas
de novis et politis lapidibus, et hoc a filiis transmigrationis modernae,
sicut quondam templum illud et civitas a filiis transmigrationis Judae.
Percutit enim Deus et sanat, occidit et vivificat, ducit ad inferos et reducit,
cujus judicia justa sunt, et omnes viae ejus misericordia et veritas, qui
1550 sicut opportuno tempore exaltat humiles, ita cum expedire cernit deprimit
et deponit superbos, ut confusos erigat, et humiliatos exaltet.[145] Deponit
autem superbos cum eos ad Babylonem pertrahit, exaltat humiliatos cum
eos ad claritatem perducit, et hoc quidem Deus omnipotens privatius
fol. 47ʳ   operatur in singulis, sed tamen in / illis sabbatis sollemnius operandum
1555 decrevit.

1523 est *om.* BC   1525-1527 divinae ... legem *om.* BC   1536 et *om.* B
1537 statibus: his *add.* BC   1541 illos: ille B   1548 enim *om.* BC   1550 cernit:
judicavit C, *om.* B   1553 quidem: quod BC

[145] See Luke 1:46-55.

Nunc igitur videndum est, qualiter Deus omnipotens in illis tribus sabbatis operetur, ut per ea quae sollemniter gesta sunt privata quoque et specialia investigare possimus. Primo considerandum est, quod si respectu praeteritorum temporum sabbata ista tempora dicta sunt, restat ut sequentia saecula, sive primo secundum litteram sive ad extremum se- 1560 cundum Spiritum pro octavis et quasi dominicis, sive per mysterium ut in veteri, sive in veritate rei ut in novo et aeterno testamento accipiamus, eo quod digniora fuerint saecula quae sabbata illa secuta sunt, haud dubium quin et illud saeculum quod tertium sabbatum secuturum est. In exordio namque primi sabbati aliquod bonum demonstratum est, quando 1565 patriarcharum primi peregrinari saltem permissi sunt in terra quam accepturi erant in sorte, sed majus fuit cum post illud sabbatum universa multitudo Israel ad terram ipsam perducta est, non jam sicut patres peregrinatura in illa, sed sicut per Moysen scriptum est: "Introduces eos, et plantabis in monte hereditatis tuae, firmissimo habitaculo tuo quod 1570 operatus es, Domine."[146] In exordio quoque / secundi sabbati quando   fol. 47ᵛ aedificata est civitas magnum in populo factum est animorum tripudium, sed quae comparatio illius gaudii ei quod factum est in ortu et resurrectione dominica? Similiter et nunc in exordio tertii sabbati, cum destructa fuerit nova Babylon, et aedificata iterum nova Hierusalem a filiis transmigra- 1575 tionis novae magnum erit gaudium his qui visuri sunt.

Sed quale erit futurum gaudium cum perveniemus ad patriam, visuri matrem nostram Hierusalem, et faciem illius qui fecit, possedit et creavit nos? Hinc ergo vigilanter pensandum est qualiter haec sabbata accipienda sint, ut possimus et illa sabbata intelligere quae minora sunt, quorum 1580 quaedam reputantur in dies festos, quaedam in vigilias dierum istorum, et alia quoque sabbata quae penitus simplicia sunt. Satis est sollemnis hebdomada nativitatis dominicae, multo amplius hebdomada Paschae, nec minus Pentecostes, et quadam ratione mysterii et sabbata reputantur. Et hebdomadae quidem Paschae et Pentecostes satis sunt aperta mysteria, 1585 nativitatis autem dominicae non adeo sunt aperta, licet hoc ipsum / de   fol. 48ʳ eadem sentiendum sit, quod de his duabus sentitur. Idcirco autem in

---

1556 videndum: videre BC   1558 specialia: spiritualia BC; est *om.* BC; si: sicut BC   1559 ista: illa BC   1560 saecula: secunda A   1561 mysterium: mysteria BC   1563 haud: aut B   1564 quin: quod BC; et: est C; est *om.* C 1565 quando: quandoquidem BC   1567 sorte: semine BC   1568 patres *om.* BC 1569 illa: illam BC; sed: si B   1572 populo: illo *add.* BC   1573 sed quae: et est BC   1573 et: in *add.* BC   1574 dominica: Domini C   1578 illius: ejus C; fecit: et *add.* C   1580 sint ... minora *om.* BC   1585 quidem: quod BC 1586 adeo: a Deo BC   1587 sentiendum: sciendum B; autem: quod *add.* C

[146] Exod. 15:17.

hebdomada nativitatis Domini minus sufficienter liquet, quia non sunt
distinctae a reliquis sex hebdomadae quae illam praecedunt, sicut sex
1590 hebdomadae quadragesimales quae paschalia festa praecedunt. Sex sunt
denique non minus ampliusve quae hujus sollemnitatis eminentiam in
abstinentiae afflictione praecedunt, quarum respectu hebdomada ipsa in
sabbatum reputata est, eo quod solutis abstinentiae vinculis libertati et
gaudio consecrata sit, sicut de ea in quodam loco per psalmistam dicitur:
1595 "Constituite diem sollemnem in condensis, usque ad cornu altaris."[147]
Sed et post completionem ipsius aliae sex hebdomadae, diem et hebdomadam Pentecostes, quae et ipsa pari modo sollemnis est, annuatim
praecedunt, quarum respectu hebdomada ipsa in sabbatum reputata est.

Quae cum ita se habeant, est tamen aliquid speciale in singulis quod
1600 pro octavis accipiendum sit, sicut est dies Paschae et Pentecostes, haud
dubium quod et nativitatis Domini, nimirum quia et quilibet dies festus
dominici diei similitudinem gerit, sicut et vigilia singuli pro sabbato quod
fol. 48ᵛ   praecedit dominicam accipienda est. Si autem respectu sex / dierum septimus dies sabbatum, et respectu dierum septem octavus dies dominicus
1605 dicitur, liquet quod initia hebdomadarum istarum pro octavis accipienda
sint, quorum respectu praecedentes se vigiliae sabbata dictae sunt, et
nihilominus pro diebus primis quorum respectu et in fine sabbata, et post
finem dies singulos octavae sequuntur.

Est enim prima octava circumcisio Domini, secunda octava Paschae,
1610 tertia Pentecostes. Si autem per singulas hebdomadarum istarum, duo
inter dies reliquis sollemniores et sanctiores habentur, primus scilicet qui
et octavus dicitur, et alter qui omnino dies octavus est, licet alterius causa
mysterii apud multos dies sacer Pentecostes octavam non habeat, et duo
nihilominus sabbata inveniantur per singulos, liquet quod hae tres heb-
1615 domadae sex dies magis sollemnes habent, et totidem sabbata deputata
per singulos. Sane inter tria istorum sabbata quae praecedunt hebdomadas
et ea quae hebdomadas ipsas concludunt hoc differre cognoscitur, quod
tria quae praecedunt afflictionis sunt, tria vero reliqua gaudiorum, nihilque

---

1588 sufficienter: sufficeret BC   1591 denique: dominicae BC; ampliusve: non amplius BC   1592 abstinentiae: abstinente C   1593 solutis: solitis BC; libertati:
liberata BC   1596 et²: ab BC   1596-1597 hebdomadam: hebdomadae C,
hebdomada B   1597 Pentecostes: Pentecosten B   1598 quarum: quorum BC
1600 sit: est BC   1601 et¹: est C; nativitatis: nativitas C   1602 singuli: singula C
1604 octavus: octavis B   1605 dicitur: dictus B, dictus est C   1606 sint: sunt BC;
se *om.* BC; dictae: dicta BC   1607 nihilominus: novissimus B, non minus C   1614-
1615 hae tres hebdomadae: in tribus hebdomadis BC   1615 habent: habentur BC
1616 istorum: istarum C   1617 differre: distincte BC   1618 nihilque: neque BC;
afflictionis: afflictionem BC

[147] Ps. 117:27.

tali modo afflictionis habentia. Quocirca insistendum est singulis, et per singula trium magnorum sabbatorum, ut qua/liter duo minora sabbata cum suis dominicis aut quasi dominicis, singula trium magnorum sabbatorum aut commixta afflictione laetitia praecesserunt, aut in plena laetitia secuta sunt vestigare possimus, ut per multa quae sollemniter completa sunt, pauca quae adhuc restant intelligere per similia valeamus. 1620 fol. 49ʳ

Primum sabbatum afflictionis fuit tempore quo Abraham demoratus est in Ur Chaldaeorum, etsi quidem qualiter illuc patres sui perveniant scriptura non dicat.[148] Videtur tamen sabbatum illud a tempore quo confusum est labium in Babel initiatum fore,[149] eo quod a superbo opere cessare vel inviti compulsi sunt, qui primo elevati superbia, patrare quae incoeperant insudabant. Successit autem illi dies quasi dominicus, quando egressus de terra illa cujus nomen est Ur, quod in lingua nostra interpretatur ignis, per quem ardor luxuriae intelligitur, quem captivantes animas daemones instigando immittunt, ad terram fluentem lac et mel sic peregrinaturus quasi regnaturus accederet. "Veni," inquit Dominus, "in terram quam monstravero tibi, et faciam te crescere in gentem magnam."[150] / 1625 1630 1635

Secundum sabbatum laetitiae fuit in diebus Moysi et Aaron, quando filii Israelis egressi sunt ex Aegypto, ut irent ad possidendam terram pro qua juraverat Dominus patribus suis, ad quam tamen ingredi permissi non sunt, nisi multis experti temptationibus et probati quasi aurum, ut nemo sibi blandiatur de otio, nemo se liberatus a corporeis exercitiis licet contemplationi deditus putet esse securum. fol. 49ᵛ 1640

Si autem quaeritur quare illud sabbatum afflictionis fuisse dicimus, quo mansit Abraham in Ur Chaldaeorum, hoc autem quo semen ejus mansit in solitudine deserti non afflictionis sed gaudii, cum istos magis afflictos et temptatos legerimus, illud causae est, quod in ruina justorum contristamur, compungimur, et affligimur, in morte vero et passione illorum dies festos et jucundos laetabundi agere consuevimus. Aliud est enim cum de malo in deterius tendimus, aliud cum de bono pervenimus in melius. Ibi enim consolatio nulla est nisi cum sequitur resurrectio. Hic 1645 1650

1620 minora: mitiora C   1623 sunt: est B   1626 perveniant: pervenerant BC 1630 illi: illa C, ille B; quasi: qui est BC; quando: Abraham *add.* C   1631 illa *om.* BC; quod: quae BC   1632 quem: quam A   1633 instigando: instiganda A 1634 in: ad BC   1635 faciam: efficiam C   1638 ex: de C   1641 exercitiis: exercitibus BC   1644 quo¹: quando BC; quo²: quando BC   1645 solitudine: solitudinem B   1649 enim *om.* C; aliud: est *add.* BC   1650 in: ad BC

[148] See Gen. 11:27-32.
[149] See Gen. 11:1-9.
[150] Gen. 12:1-2.

omnino gaudium est, nisi cum prae angustia is qui putatur justus deicitur.
De illo enim sabbato dictum est per prophetam: "Dole et satage."[151] De

fol. 50[r]　isto longe altius psalmista loquitur dicens: / "Qui seminant in lacrimis,
in gaudio metent. Euntes ibant, et flebant, mittentes semina sua. Venientes
1655　autem cum exultatione, portantes manipulos suos."[152]

Tali ergo ratione praecedens sabbatum afflictionis fuisse dicimus, quod
tamen dies laetitiae secutus est, sequens vero sabbatum non afflictionis
sed gaudii quantum ad Spiritum, licet quantum ad carnem in hoc magis
afflictio quam in illo, utrumque vero dies sollemnis secutus est, illud
1660　scilicet quasi dies natalis Domini qui vigiliam sequitur, istud quasi dies
octavus qui post septimum diem nativitatis Domini feriatus occurrit. Hujuscemodi autem vicissitudo sabbatorum uniformiter servanda est, ut videlicet sicut primum sabbatum afflictionis, secundum laetitiae, ita tertium
afflictionis, quartum laetitiae, quintum afflictionis, sextum laetitiae, uni-
1665　formiter aestimemus, licet festiva tempora quae singillatim sabbata sub-
sequuntur omnia similiter etsi alia plusquam alia laeta sint, quia non
solum ille laetatur qui cum sanus sit ad palmam ducitur, verum etiam et
ille qui postquam infirmatur ad mortem, cum jam desperare cogitur ex
insperato reducitur ad salutem. Igitur et sabbatum istud quod actum est

fol. 50[v]　1670　in / deserto sub Moyse et Aaron secutum est tempus quasi dominicum
sub Josue filio Nun, qui ad terram promissam patribus eorum duxit et
introduxit filios Israelis, non ut essent adhuc hospites in illa sicut patres
eorum, sed sicut de eis etsi mystice dictum sit: "Introduces eos, et plantabis in monte hereditatis tuae, firmissimo habitaculo tuo quod operatus
1675　es, Domine."[153]

Tertium sabbatum completum est in captivitate Babylonis, postquam
tempus libertatis secutum est sub Cyro et Dario et Artaxerxe regibus
Persarum, sub quibus templum et civitas restituta sunt. Quartum sabbatum
ab ortu Christi incohatum est, in cujus sacro natali novum gaudium ortum
1680　est mundo, eo quod "lux vera, quae illuminat omnem hominem venientem in hunc mundum,"[154] visibilis huic mundo apparuit, consummatum
vero in vigilia Paschae. Secutus est autem illud dies sollemnis, non quomodocumque aut qualecumque sed singulariter prae cunctis sollemnis,

---

1651 is: his B　　　1653 Qui: Quod C　　　1660 qui: quia BC; istud: illud C
1663 laetitiae: et *add*. C　　　1665 sint: sunt BC　　　1669 insperato: insperatione BC; et
om. C; istud: id C　　　1674 tuo *om*. C　　　1676 postquam: post quod A　　　1678 sunt: est B
1682 vero: est *add*. BC; autem *om*. A　　　1682-1683 non ... sollemnis *om*. BC

[151] Mich. 4:10.
[152] Ps. 125:5-7.
[153] Exod. 15:17.
[154] John 1:9.

in quo Dominus noster Christus Jesus resurrexit a mortuis, et gaudia quae
cum morte ejus occiderant renovavit et auxit.   1685

Quintum sabbatum afflictionis est, sicut primum et tertium. Praesens
est autem sabbatum istud, et nemo / est qui recogitet in corde suo, non   fol. 51ʳ
est qui se doleat incurrisse, quia sola illa tantum adversa credimus quae
corpora mortalia laedunt, illa tantum pro parvis ducimus quae animas
viventes deiciunt. Dolebant Judaei quondam super servitute corporea, et   1690
nos dolere parvipendimus super servitute peccati. Dolebant se illi corpore
servire principibus Babylonis, et nos non attendimus quam miserum sit
expectare ecclesiasticas dignitates a principibus mundi, obedientes propter
illas praeceptis sacrilegis, et illicitis tyrannorum jussis assensum quam
indigne praebentes. Verumtamen quia benignus est et misericors Domi-   1695
nus, non obliviscetur misereri et compati, neque continebit in ira sua
misericordiam suam, exaudietque lacrimas viduae clamantis ad se die ac
nocte, ut faciat vindictam pauperi et judicium injuriam patienti, ut reddat
electis suis coronam pro cinere, oleum gaudii pro luctu, pallium laudis
pro spiritu maeroris. Appropinquat enim dies et ecce adest, ut percutiatur 1700
superbia,¹⁵⁵ et excitetur adhuc novus Cyrus in terra, qui jubeat aedificari
et reaedificari templum Domini, quod praevalentibus hostibus ipsius des-
tructum est, et post illum / novus Artaxerxes, qui muros civitatis dirutae fol. 51ᵛ
restaurari praecipiat.

Erit autem tunc tempus illud quasi dies sollemnis et celebris, in quo   1705
per omnes vicos urbis etiam hic cantabitur alleluia,¹⁵⁶ sicut in sexta parte
libri declaratur, cum dicitur: "Audivi quasi vocem magnam tubarum
multarum in coelo dicentium: alleluia; laus, et gloria, et virtus Deo nostro:
quia vera et justa judicia ejus sunt, qui judicavit de meretrice magna,
quae corrupit terram in prostitutione sua, et vindicavit sanguinem ser-   1710
vorum suorum de manibus ejus. Et iterum dixerunt: alleluia."¹⁵⁷ Erit
itaque in die illo hujuscemodi gaudium non omni populo, sed timentibus
et amantibus Deum, non secundum vitae praesentis successus, sed in
Spiritu sancto, siquidem inter ipsa gaudia multa intererunt quae displiceant
amatoribus mundi, multa supervenient quae graviter electos affligent,   1715

1685 occiderant: ceciderant BC   1688-1689 adversa ... tantum *om*. A   1690 Judaei: videri B   1693 propter: per BC   1694 quam: quod C   1695 et: nec BC
1696 sua *om*. BC   1697 exaudietque: Exaudiet quidem BC   1700 percutiatur:
percutiantur BC   1701 superbia: sabbata BC; adhuc: a Deo B   1702 hostibus ipsius:
impiis BC   1704 praecipiat: praecipiet C   1705 tunc *om*. BC; celebris: celeber C
1706-1711 sicut ... alleluia *om*. BC   1713 non: nec BC

¹⁵⁵ Tondelli, 1: 144, n. 2.
¹⁵⁶ Ibid., 1: 144.
¹⁵⁷ Apoc. 19:1-3.

quorum quaedam designata sunt in tribulatione Israelis, quam passus est
sub Nabuchodonosor rege Assyriorum in manu Holofernis tyranni, qui
erat princeps exercitus ejus, quaedam in tribulatione quae facta est in
fol. 52ʳ   Susis filiis Juda moliente illis malum A/man, et quaerente delere nomen
1720   Judaeorum, et si fieri posset penitus a facie terrae.

Ceterum quod Alexander rex Macedo reges terrae contrivit sicut et rex
Medorum qui regem Babylonis prostraverat, et Nabuchodonosor rex Assyriorum qui quendam regem Medorum devicerat, non ad spiritualia bella
quae pro fide Christi habenda sunt referendum quis putet, sed tantum ad
1725   bella tyrannica, quae cum regibus Christianis reges gentium habituri sunt,
sicuti factum est his diebus Hierosolymis ob imminentia certamina, et
fieri aliquid tale in proximo et multo deterius formidamus, etiam si pro
variis bellorum eventibus praevalere Romani principes videantur, quia
scriptum est: "Vidi unum de capitibus bestiae occisum quasi ad mortem,
1730   et plaga mortis ejus curata est, et admirata est universa terra post bestiam." Et dixerunt: "Quis similis bestiae? et quis poterit pugnare cum
ea?"¹⁵⁸ et cetera quae sequuntur.

Sequetur tamen post haec omnia radix peccatrix quam Antiochus rex
iniquus designat, qui propter duo magna mysteria, ut superius jam dixi-
1735   mus, ad diversa se habet. Cum ergo persecutio regis hujus ad designanda
fol. 52ᵛ   quae / futura sunt cum superioribus stringitur, tunc magni illius sabbati
quod in tertio statu futurum est ex eo maxime tempore similitudo accipienda est, quo finitis, ut supra diximus, Machabaeorum bellis, filius qui
fuit de genere sacerdotum, in regni fastigium sublimatus est, designans
1740   sacerdotale regnum, et regale sacerdotium quod erit in tertio statu, qui
videlicet status totus in ipsum sabbatum reputandus est, de quo nimirum
regno per Joannem dicitur, sacerdotes Dei sederunt et regnaverunt cum
Christo.¹⁵⁹ Quod autem post regnum illud surrexit Herodes semen nequam
interfector puerorum innocentum, et persecutor Christi, imperante jam
1745   tunc Augusto Caesare, qui erat quasi vicarius regis aquilonis,¹⁶⁰ extrema
tempora mundi designat, quando pro Romano principe qui et destruxit
Hierusalem et exercitu ejus regnaturus est Gog cum exercitu suo, quorum
erit numerus, ut ait Joannes,¹⁶¹ sicut arena maris, et circumdabunt castra

---

1720 et si: etiam si BC   1721 rex¹ *om*. BC   1726 certamina: crimina BC; aliquid:
aliquod BC   1735 habet: habeat C; ad designanda: assignanda BC   1736 stringitur:
stringit BC   1737 statu *om*. BC   1738 quo: qua BC   1743 Quod: Qui BC
1746 designat: et *add*. C   1747 exercitu¹: exercitum BC; Gog: gat C

¹⁵⁸ Apoc. 13:3-4.
¹⁵⁹ Apoc. 20:6.
¹⁶⁰ See Dan. 11.
¹⁶¹ See Apoc. 20:2-8.

sanctorum et civitatem dilectam, hoc est, electorum ecclesiam, regnante
et tunc quoque diabolo quem designat Herodes, quousque veniat tempus / 1750
captionis ipsius, ut sepultus in infernali tumulo diuturnae venationis suae   fol. 53ʳ
libertatem amittat.

Erit tamen electis sabbatum gaudii in consolatione Eliae, sicut fuit in
diebus Herodis regis sub Joanne Baptista. Quid enim? Numquid propter
pressuras corporis omittunt sancti laetari in Domino, praesertim cum 1755
habeant scriptum: "Vos autem levate capita vestra, ecce appropinquat
redemptio vestra?"[162] Erit enim inter tenebras ipsas magna lux timentibus
Deum, expectantibus diem illum dominicum propter quem facti sunt
omnes dies, diem, inquam, diem qui non novit occasum. Ipse est enim
dies de quo scriptum est: "Haec est dies quam fecit Dominus; exultemus, 1760
et laetemur in ea."[163]

Haec de spiritualibus sabbatis et diebus festis atque dominicis specialiter dicta sunt, ut quia singulae partes Apocalypsis sabbatis finiuntur, et
ipse quoque liber secundum plenitudinem sui circa locum ubi agitur de
judicio, cujusmodi sint sabbata ista de quibus in hoc loco modo agendum 1765
est ex multorum collatione vestigare possimus. Non enim illa sabbata
pertinent ad librum istum / quae sive ante legem sive sub lege transacta   fol. 53ᵛ
sunt, sed illud tantum sabbatum speciale quod erit in proximo, consummatis ab adventu Domini sex temporibus in labore, in quorum fine tertius
status initiatus est consummandus in proximo. Oportet enim, ut jam dixi, 1770
praecedere jacturam seminis, ut compleatur quod scriptum est: "donec
nascantur nova, vetera comedetis."[164] Hoc ergo sabbatum, in fine sin-
gularum partium usque ad sextam partem uniformiter ubique occurrit.
Porro post sextam partem sabbatum illud generale clarescet, quod est
unum de tribus in cujus fine sequetur ultimum sabbatum, quod erit sab- 1775
batum sabbati, hoc est, sabbati aetatis septimae, ex eo initiatum tempore,
aut paulo post, quo solvetur Satanas de carcere suo, et exibit et seducet
gentes quae sunt super quattuor angulos terrae Gog et Magog, sicut paulo
superius dictum est.

1753 gaudii: gaudium BC   1755 sancti *om.* B   1756 appropinquat: appropin-
quabit BC   1759 diem, inquam, *om.* A   1762 spiritualibus: specialibus BC
1765 sint: sunt C; modo *om.* BC   1766 collatione: collectione BC   1770 consummandus: confirmandus A   1771 seminis: et *add.* BC   1776 hoc est, sabbati
om. BC; initiatum: initiatus B, initiaturus C   1777 Satanas: et *add.* C; et¹ *om.* BC
1778 terrae *om.* C

[162] Luke 21:28.
[163] Ps. 117:24.
[164] Lev. 25:22.

1780 Pro his ergo duobus magnis sabbatis, quorum unum est in exordio
magni sabbati, alterum in fine, et pro ipso magno sabbato quod erit tempus
tertii status, per tam multa sabbatorum genera pervagati sumus, de quibus
fol. 54^r adhuc aliquid re/stat dicendum, quia non solum ipsa specialia sabbata a
magnis sabbatis differunt, quae quasi initia et fines eorundem magnorum
1785 sabbatorum sunt, verum etiam in ipsis specialibus sabbatis aliquid specialius considerandum est, ac si inter hebdomadam Paschae, et sabbatum
quod praecedit hebdomadam cum ipso die Paschae, et in fine inter sabbatum quod concludit hebdomadam, cum octavo die Paschae qui et sequitur illud.

1790 Magna itaque sabbata et praecipue tertium quod significatur per duo
ita consideranda sunt, quomodo si totum tempus quod est a Pascha usque
ad Pentecosten, unum esse sabbatum diceremus, specialia vero et praecipue quod in proximo futurum est, sicuti est hebdomada Paschae quae
principium est magni sabbati, quod est a Pascha usque ad Pentecosten.

1795 Et quia non solum vigiliam Paschae et nativitatis Domini in afflictione
peragimus, verum etiam et praecedentes dies, et non solum diem Paschae
et Pentecostes, necnon et nativitatis Domini sollemnes et jucundos ducimus, verum etiam et sequentes dies, non potest vel hoc ipsum a magnis
vacare mysteriis, quandoquidem in multis rebus experiri ⟨quis⟩ queat,
fol. 54^v 1800 aliud esse quod / specialiter refertur ad caput, aliud quod generaliter
derivatur ad membra. Inde est quod vigilias Paschae et nativitatis do-
minicae dies jejuniorum praeveniunt, inde quod festa ipsa celebria dies
epularum et gaudii comitantur.

Secundum hoc igitur tota hebdomada quae praecedit nativitatem re-
1805 putatur in vigiliam, tota hebdomada nativitatis in diem festum, tota hebdomada in qua passus est Christus in vigiliam, tota resurrectionis in diem
festum, tota hebdomada quae praecedit Pentecosten in vigiliam, licet alio
genere in dies festos reputetur tota hebdomada Pentecostes, et diem festum. Secundum hoc genus intelligentiae, etiam tota quadragesima cum
1810 hebdomada quinquagesimae se praecedente reputatur in vigiliam, vel in
sabbatum non gaudii sed maeroris, totum paschale tempus a Pascha usque
ad Pentecosten in diem festum. Et notandum est secundum hanc legem,
quod sive hebdomada nativitatis Domini, Paschae, et Pentecostes, sive
totum paschale tempus pro octavis reputanda sunt non pro sabbatis, vi-
1815 giliae vero non pro sextis sed sabbatis accipiendae sunt. Ergo secundum
hoc totum tempus secundi status quod proprie sextum est, pro sabbato
accipiendum est, tempus vero tertii status quod proprie sabbatum est, pro

1783 restat: reddat C   1786-1787 Paschae ... hebdomadam *om*. BC   1797 Domini: Dei C   1798 dies *om*. C; vel *om*. BC   1802 ipsa: ista C   1805-1807 tota
hebdomada ... diem festum *om*. A   1812 ad *om*. BC   1815 sed: pro *add*. BC
1816-1817 sextum est ... quod proprie *om*. A   1817 pro: et A

resurrectione dominica; sed et tempus sextum secundi status quod jam nunc initiatum est, pro vigilia et pro sabbato accipiendum est, et tunc non ab adventu Domini tempora septem numeranda sunt, / sed a tempore 1820 fol. 55ʳ Cyri Persi, secundum quod in opere *Concordiae* manifestius apparet.

Semper enim concordia in octavo loco accipienda est, hoc est transactis temporibus septem, ac per hoc singula tempora Testamenti novi pro octavis uniformiter accipi possunt. Si autem a Cyro veteri usque ad novum qui in proximo futurus est septem tempora currunt, liquet quod tempus 1825 captivitatis in quo modo sumus si tamen est qui percipiat, pro sabbato afflictionis reputandum est, et respicit per concordiam illud sabbatum quod scribit Jeremias,[165] post quod domus Domini quam superbia destruxerat in manu Zorobabel et Josedech reaedificari incepta est. Si autem et de vigilia Paschae quaeritur, et de ipso sacratissimo die Paschae, quid 1830 mystice in hoc sensu requirat, erit utique tempus vigiliae in diebus illius regis, qui supra quam credi potest universa vastabit. Sequetur autem illam in proximo tempus tam laetum et tam sollemne, ut mox oblivioni tradantur angustiae priores, et ex hoc jam magnum illud sabbatum propter quod tam multa de sabbatis prosecuti sumus, quod alio / genere, ut jam dixi, 1835 fol. 55ᵛ pro die dominica et paschali deputandum est. Expeditis autem ab hujusmodi libet ad seriem narrationis redire, ut cetera quae tractatus iste introductorius efflagitat diligentius exquisita solvamus.

Diximus superius jam semel et iterum septem esse libri partes, et totidem tempora ab adventu salvatoris usque ad extremum judicium. Et 1840 prima quidem parte agitur de prelatis, qui primi bellum temporis acceperunt. In secunda de martyribus. In tertia de doctoribus. In quarta de heremitis. In quinta de generali ecclesia. Diximus et quattuor illos ordines adversus quattuor bestias dimicatos fuisse, ecclesiam vero quae est nova Hierusalem, adversus immundissimam Babylonem. Diximus in sexta parte 1845 et in sexto tempore judicandam Babylonem, sed et bestiam et pseudoprophetam contra nomen Christi consurgere, qui et ipsi protinus judicandi sunt. Deinde incarcerato diabolo sequetur sabbatum, circa cujus finem solvetur iterum diabolus de carcere suo, et seducet gentes quae sunt per quattuor angulos terrae, Gog et Magog. Ad extremum mittetur diabolus 1850 in stagnum ignis, eritque / universale judicium, et resurrectio mortuorum. fol. 56ʳ

1820 a tempore: ad tempus BC   1826 est qui percipiat: quo percipiat B, quo participat C   1828 scribit: scripsit C   1828-1829 Domini ... Josedech *om.* BC   1832 Sequetur: sequitur C   1834 priores: primae C   1836 deputandum: reputandum BC; Expeditis: Expediti C   1836-1837 hujusmodi: hujusmodo A   1837 narrationis *om.* BC; cetera: omnia BC   1841 primi: primum BC   1843 et *om.* BC   1845 Babylonem *om.* C   1847 judicandi: vindicandi C   1849 iterum *om.* B; per: super BC

[165] See Jer. 17:19-27.

Quibus peractis nulla jam ulterius erunt tempora sed dies unus aeternus; nec regnabunt ulterius reges terrae, sed solus rex dominus exercituum; nec erunt ultra ut hactenus et nunc civitates gentium, sed sola civitas Dei 1855 mater nostra Hierusalem, cujus claritatis gloriam pars octava prosequitur quae et septima est, nimirum quia partim in aetate sexta, partim in septima consummanda est. Et ideo illa pars quae consummatur in sexta revelatur in septima, quae autem in septima consummanda est, revelabitur in octava. Unde et ad gloriam ejus cernendam, unus de septem angelis ha-1860 bentibus phialas invitat Joannem dicens: "Veni, et ostendam tibi novam nuptam, sponsam Agni."[166] Protinusque adjecit Joannes dicens: "Sustulit me in spiritu in montem magnum et altum, et ostendit mihi civitatem sanctam Hierusalem, descendentem de coelo, habentem claritatem Dei,"[167] et cetera quae ibi sequuntur. Si autem unus de septem angelis hoc illi 1865 ordini quem Joannes designat ostendit, illeque hanc de coelo descendere contemplatus est, juxta illud quod per prophetam dicitur: "ecce Dominus

fol. 56ᵛ Deus meus veniet, et omnes / sancti ejus cum eo,"[168] cum isti septem angeli de quibus loquitur infra temporalia coartentur, videtur quod revelatio Hierusalem septimo tempori secundum partem unam ascribi pos-1870 sit, praesertim cum non solum in octava aetate, verum etiam in septima visio pacis futura sit.

Breviter tangam quod magno indigeret volumine. Videmus gallum avem domesticam, multas sibi associare gallinas, similiter et alias quasdam. Columbarum autem masculus non sic, sed sicut multarum avium 1875 consuetudo est unam sibi columbam associat, et illa tamquam uni viro, uni tantum socio nubendo adhaeret. Sunt ergo duo tantum, masculus et femina, et quod proprium est columbarum et turturum, duos tantummodo procreat pullos, non ambas feminas, sed juxta illud quod scriptura dicit: "masculum et feminam creavit eos."[169] Mysterium hoc magnum est in 1880 viro et uxore, tamquam in Abraham et Sarah, et rursus in viro et uxore tamquam in Isaac et Rebecca, ego autem dico in Deo Patre et Israelitica plebe, et in Christo Jesu et sponsa ejus ecclesia. Igitur Deus Pater cum /

fol. 57ʳ omnibus patriarchis qui fuerunt usque ab Abraham et deinceps usque ad

---

1855 claritatis ... prosequitur: claritas prosequitur pars octava C   1858 revelabitur: revelatur BC; et *om*. BC   1860-1861 Veni ... dicens *om*. BC   1862 montem: et *add*. C   1863 de coelo *om*. BC   1865 hanc: habeat C   1867 Deus meus *om*. C; meus *om*. B   1875 columbam: columba B   1877 quod *om*. BC   1878 procreat: procreare BC   1880 tamquam ... uxore *om*. BC   1883 ab: ad ABC

[166] Apoc. 21:9.
[167] Apoc. 21:10-11.
[168] Zach. 14:5.
[169] Gen. 1:27.

Joseph virum Mariae, in masculo columbarum qui parens est designatur, synagoga Judaeorum a Sarah usque ad virginem Mariam in matre reputata 1885 est. Natus est enim illi masculus Christus cum praelatis ecclesiarum, sive cum omnibus sanctis militibus qui in martyrio coronati sunt, quorum princeps est Christus, et cum omnibus reliquis sanctis qui diversis temptationibus affecti sunt, et afficientur usque ad tempus illius regis undecimi cujus supra fecimus mentionem, qui quidem unus de magnis antichristis 1890 est, sed non ille qui in fine venturus est. Hic est ergo ille filius masculus quem mulier peperit non suscepto semine, Christus scilicet Jesus, cum membris suis primis qui in adventu ejus crediderunt.

Cum ergo plenitudo gentium intrabit ut et Israel generaliter salvus fiat, tunc incipiet apparere puella cui et dicitur: ''Jam enim hiems transiit; 1895 imber abiit, et recessit. Flores apparuerunt in terra, tempus putationis advenit; et vox turturis audita est in terra nostra; ficus protulit grossos suos; vineae florentes dederunt odorem. Surge, amica mea, sponsa mea, et veni.''[170] Bene autem / flores apparuerunt, quia roseus exercitus sanc-   fol. 57ᵛ
torum martyrum in conspectu altissimi praesentabitur, ut incipiant et lilia 1900 germinare quae nesciunt pati gelu et glaciem, imbrem et procellas ventorum, quia nimis delicata est ad tolerandos labores candida teneraque virginitas.

Quia vero civitas illa coelestis quae super solum firmissimum fundata est, duodecim fundamenta et totidem portas habere describitur, videtur 1905 quod in secundo statu fundamenta posita sint, quoniam quidem in primo statu inventus est locus, et designati sunt quasi formulae fulcimentorum, et in tertio consummatis fundamentis statuendae sunt portae in locis suis de populo Israelis, sicut per apostolum dicitur: ''Donec plenitudo gentium introierit, et tunc omnis Israel salvus fiet.''[171]   1910

Erit ergo nunc consummatio fundamentorum, quam sequetur pulchritudo portarum, et ideo secundum partem in septimo saeculo accipienda est illa pars, quae agit de illa secundum plenitudinem in octavo. Inde est quod completis sex hebdomadis a septuagesima per singulos annorum circulos statio fit in Hierusalem, et in ea Romanus Pontifex non sine rosae 1915

1885 Mariam *om.* BC   1886 enim *om.* B; illi *om.* C   1887 in: sancto *add.* C
1889 affecti: afflicti BC; afficientur: affligentur BC   1892 non *om.* A
1894 salvus *om.* C   1895 apparere: a BC; enim: cum C   1896 recessit: et *add.* BC
1902 nimis: minus A   1904 Quia: Quae BC   1906 sint: sunt BC   1907 fulcimentorum: fulci maerorum BC, funcimenorum A   1911 nunc: tunc C; sequetur: sequitur
BC   1915 Hierusalem: Israel BC

[170] Cant. 2:11-13.
[171] Rom. 11:25-26.

mysterio sollemnia celebrare consuevit,[172] quia completis sex aetatibus
fol. 58ʳ mun/di in quibus atrocius solito filii liberae a filiis ancillae afflicti sunt,
offeret summus Pontifex qui in coelis est sacrificium martyrum Deo Patri,
et "laetabitur Dominus in operibus suis."[173] Laetabitur Hierusalem et
1920 diem festum agent omnes qui lugebant super illam, quia peribit nomen
aemulae ejus, et filii ancillae qui persequebantur electos, ipsique erit pax
et libertas ex hoc nunc et usque in saeculum.

Haec de generalibus partibus. Si autem quaeritur de specialibus quid
sibi velint, quoniam quidem unaquaeque pars in septem portionibus scin-
1925 ditur, illud profecto causae est, quod unusquisque sanctorum ordinum
habet proprie tempus suum in quo debeat contra hostes confligere, sed
tamen non omittunt jugiter omnes simul ordines proeliari, subvenientibus
sibi omnibus et ferentibus solamen ad invicem. Ut autem intelligatur
levius, utamur exemplis. Ponamus quod populus Hierosolymitanus habeat
1930 proelium contra Arabes, et fuerit ei dimicandum mense Martii; Anti-
ochenus contra Syros et fuerit ei dimicandum mense Maii; Constanti-
nopolitanus contra Scythas, et fuerit ei dimicandum mense Junii; Romanus
contra barbaros, et fuerit ei dimicandum mense quinto; quibus omnibus
fol. 58ᵛ expletis habuerit proelium unum / generale quod ex aequo tangeret omnes,
1935 eo quod conglobatae gentes simul insurgerent contra omnes, essetque
omnibus ex aequo dimicandum mense sexto, et ita incohato mense septimo consopitis omnibus bellis remearent ad propria.

Quare autem mense septimo, cum praeter sextum bellum quod generale
est et commune omnium, cetera quinque specialia sint, et singula im-
1940 minentia singulis? Quia mos est regum terrarum qui in expeditione sunt,
ex omnibus civitatibus quae in pace sunt electam militum juventam pro-
ducere, et in subsidium civitatis mittere quam hostes impugnant, ne non
solum de illa patiatur excidium, verum etiam victore hoste de ceteris
quoque urbibus detrimentum incurrat.

1945 Si autem singulis mensibus singulis quinque urbibus taliter ab omnibus
succurrendum est, et ad ultimum generale proelium in commune omnibus
commitendum, quid restat nisi ut fateamur singulos populos singula proelia praeter illud quod generale est specialiter commisisse, et tamen dum

---

1917 mundi: non *add.* B   1919 suis: et C   1924 velint: volunt BC; in *om.* BC
1925 causae: sane BC   1926 proprie tempus suum: proprium suum BC   1928 omnibus: hominibus BC   1931 Maii: Madii A   1934 habuerit: haberet BC   1935 insurgerent: insurgent C; essetque: essentque C, quae *add.* BC   1939 et *om.* A; quinque:
quandoque BC; sint: sunt C   1940 Quia: Qui BC; mos: mox A   1943 de: quod BC;
excidium: abscidium A   1945 quinque: quoque BC

---

[172] *New Catholic Encyclopedia*, s.v. "Golden Rose."
[173] Ps. 103:31.

omnes singulis subvenisse noscuntur, unumquemque illorum cum ceteris
sex proelia commisisse? Si enim interrogas primum populum quot men- 1950
sibus in / bello perstiterit, respondebit sex; si quaeris quot commiserit   fol. 59^r
proelia cum sodalibus suis, respondebit sex; similiter et omnes dicturi
essent. Si autem quaereretur a singulis, quot proelia sibi proprie imminuerint, responderet unum. Sic igitur quinque sunt proelia quae singulis
propria sunt, et sextum quod est proprium novi ordinis, in quo oportet 1955
et illos quinque ordines exituros ex hoc saeculo convenire, quatinus et
ipsi requiescant in coelis, et reliquiae eorum qui pervenient usque ad
sabbatum requiescant in terris.

Sicque fit ut dum singulus quisque ordinum septem species habere
cognoscitur, et dum quasi quaedam spiritualis progenies usque ad sep- 1960
timam generationem extenditur, et quinarium habeat in numero ordinum
et septenarium in perfectione, ita ut in eisdem ordinibus et quinarius
veraciter et septenarius inveniri queat. Nec praetermittendum quantae
perfectionis sint isti numeri, et quemadmodum sibi mira et inexplicabili
affinitate conveniant.   1965

Diximus superius librum istum veteribus respondere mysteriis et plurimam cum illis possidere concordiam. Quia vero non hunc omnibus
respon/dere diximus sed quibusdam, illud quod superius praetermisimus   fol. 59^v
adjiciendum puto, non solum videlicet librum istum generali historiae
opponendum fore, verum etiam in prima fronte librum Actuum Apos- 1970
tolorum, qui historicus est, cui merito liber iste junctus est, propter quinque
et septem quae duodenarium perficiunt. Quid est quinque et septem?
Quinque tribus quae priores hereditatem acceperant, et septem quae posteriores suis possessionibus locatae sunt. Quinque principales ecclesiae
de quibus ait propheta: ''erunt quinque civitates in terra Aegypti loquentes 1975
lingua Chanaan,''[174] et septem, quibus liber iste inscribitur. Quinque
panes ordeacei et septem qui triticei fuisse creduntur. Qui notare ista
voluerit, intelliget in quinque et septem magna mysteria contineri, propter
quod etiam tam sollemnis est duodenarius numerus. Quinque autem et
septem duodecim faciunt.   1980

1953 quaereretur: quaeritur BC; a singulis: singulus A; proprie *om.* A   1953-
1954 imminuerint: imminereunt C   1954 responderet: respondent B; quinque:
quandoque BC   1957 qui: quae BC   1959 singulus: singulis BC   1960 quaedam:
quadam C   1961 habeat: habet BC   1962 in² *om.* A   1964 sint: sunt C
1966 veteribus: scilicet *add.* C   1967 Quia: Quod BC   1971 junctus: vinctus A
1972 quae *om.* B; Quid: Quod C   1973 priores: priorem BC; posteriores: posterioribus
BC   1976 septem: de *add.* C   1977 Qui² *om.* BC   1978 intelliget: intelligit BC
1979 est: etiam *add.* C

[174] Isa. 19:18; Tondelli, 1: 51.

Ut autem propalemus causam, et quae sit numerorum istorum perfectio,
notum est omnibus qui sane sapiunt, in quinque corporis sensibus et
septem virtutibus perfectionem hominis contineri, ita ut minus aliquid a
fol. 60ʳ   perfectione habeat, qui vel uno istorum caret / sive visu, sive auditu, sive
1985 gustu, sive odoratu, sive tactu; et rursum sive sapientia, sive intellectu,
sive consilio, sive fortitudine, sive scientia, sive pietate, sive timore.
Secundum hoc igitur voluit Deus omnipotens diversos ordines ponere in
ecclesia sua, et alios quidem qui videntur exercitari in carne, propter quos
maxime corporalia sacramenta constituta sunt, alios quorum exercitia
1990 magis essent in spiritu quam in carne.

Dedit enim Dominus in ecclesia presbyteros quasi aures, ad infor-
mandos et docendos discipulos in doctrina Domini; diacones quasi os,
ad evangelizandum quod a presbyteris didicerunt; episcopos quasi manus
qui defenderent illam a luporum morsibus, quasi brachia fidei, propter
1995 quod et Judae patriarchae qui fuit fortissimus inter fratres assimilati sunt;
virgines quasi oculos, qui sedeant contemplantes, expectantes beatam
spem et adventum gloriae magni Dei, et salvatoris nostri Jesu Christi;
clerum generalem quasi nasum, ad psallendum et confitendum Domino,
cui etiam adjuncti sunt continentes laici, et hi qui uxores accipiunt causa
fol. 60ᵛ 2000 prolis, aut etiam pro eo quod continere / non possunt.

Ad istos quinque ordines pertinent quattuor evangelia et liber Actuum
Apostolorum. Quare? Quia quattuor evangelia prosequuntur quattuor opera
Christi, nativitatem, baptisma, resurrectionem ex mortuis, ascensionem
in coelum; liber vero Actuum Apostolorum, qui sic incipit: ''primum
2005 quidem sermonem feci de omnibus, o Theophile, quae coepit Jesus facere
et docere, usque in diem qua praecipiens apostolis per Spiritum sanctum,
quos elegit, assumptus est,''[175] ut ostenderet significari quattuor illa opera
Christi in quattuor decadis, adjecit et ait: ''quibus et praebuit se ipsum
vivum in multis argumentis, per dies quadraginta,''[176] qui rursum ut
2010 ostenderet in quinto tempore vel opere consummationem dari a Spiritu
sancto, aliquantis interpositis, adjecit et ait: ''Et cum complerentur dies
Pentecostes factus est repente de coelo sonus, tamquam advenientis spiritus vehementis, et replevit totam domum ubi erant sedentes.''[177] Nati-

---

1981 numerorum: universorum C   1983-1984 a perfectione: ad perfectionem BC
1984 habeat: habeant C   1988 quos: quod C   1996 oculos: oculi BC   1999 accipiunt: recipiunt C   2001-2002 et liber ... evangelia: quae A   2007 illa: alia BC
2008 decadis: ceteris BC   2009 qui: quod C   2013 totam *om.* C

[175] Acts 1:1-2.
[176] Acts 1:3.
[177] Acts 2:1-2.

vitas itaque ascribitur sacerdotibus, quos designat Matthaeus; baptisma
diaconibus quos designat Lucas; resurrectio episcopis quos designat Mar- 2015
cus; ascensio contemplatoribus quos designat Joannes; adventus Spiritus
sancti in communi vita ferventibus quos designat ecclesia discipulo/rum   fol. 61ʳ
super quam in die Pentecostes cecidit Spiritus sanctus, ut impleretur illud
quod psalmista praedixerat: "Ecce quam bonum et quam jucundum, ha-
bitare fratres in unum!"[178]   2020
    De his ergo quinque ordinibus nihil in hunc modum ad librum Apo-
calypsis, quoniam omnes isti ordines possunt compleri in communi habitu, sicut fieri videmus in ecclesia. Numquid enim sacerdotes vel episcopi,
vel canonici, vel virgines quae simpliciter sibi manent, seu in domibus
patrum, seu in aedibus virorum suorum qui virgines suas servare decer- 2025
nunt, vel clerici qui et uxores etiam in minoribus ordinibus habere per-
mittuntur, illud praeceptum vel potius exhortationem adimplesse noscuntur
qua dicitur: "Vende omnia quaecumque habes, et da pauperibus, et veni
sequere me?"[179] Aut numquid soli illi qui hoc faciunt ad vitam perveniunt?
Si non et de istis sicut et de illis pertineret ad Dominum, nequaquam 2030
quinque illa volumina his ordinibus proprie dedicaret. Idcirco enim Dei
Filius venit in carne, ut videat omnis caro pariter salutare Dei.[180]
    Nunc ergo de his ordinibus nihil hoc modo ad librum Apocalypsis,
quia habent isti propria volumina, quinque scilicet magna et in/tegra in   fol. 61ᵛ
quibus debeant exercitari. In hoc autem libello proprie agitur de abre- 2035
nuntiantibus saeculo et operibus ejus, de his quorum Deus omnipotens
hereditas est, eo quod nolint hic habere manentem hereditatem sed fu-
turam inquirant. Agit autem de septem ordinibus designatis in septem
tribubus, et in septem ecclesiis, sicut illi quinque ordines in quinque
tribubus majoribus et ecclesiis totidem designati sunt. Apponuntur autem 2040
illis quinque panes ordeacei, hoc est, quinque suprascripti libri qui omnes
historici sunt, et in eis fructus spiritualis sub cortice latet; his autem
septem panes triticei, hoc est, septem partes Apocalypsis, quae nihil
sonant historicum sicut illa quinque volumina, sed totum paene quod in
eis resonat Spiritus et vita est.   2045
    Hinc autem vigilanter discutiendum est, quod quinque de septem or-

---

2030 et² *om.* A; pertineret: pertinent C   2031 dedicaret: dictarent **BC**   2036 ejus:
et *add.* C   2037-2038 eo ... inquirant: et eum inquirunt **BC**   2041 illis *om.*
A; quinque² *om.* **BC**   2042 spiritualis: specialis B; his: hi **BC**   2043 septem *om.*
BC; triticei: tritici C   2046 vigilanter: diligenter **BC**; discutiendum est, quod: discutiendum A

[178] Ps. 132:1.
[179] Luke 18:22.
[180] Luke 3:6.

dinibus libri hujus, magnam cum quinque supradictis affinitatem comprobantur habere, et ideo diligenter discutiendum est, ne in carne Spiritus
extinguatur, ne intellectus superior ab inferiori absorbeatur. In illa prima
2050 similitudine, in primo manet nativitas, in secundo baptisma, in tertio
resurrectio, in quarto ascensio, in quinto adventus Spiritus sancti; in ista /
fol. 62ʳ   in primo resurrectio, in secundo passio, in tertio nativitas, in quarto
ascensio, in quinto, sexto, et septimo datio Spiritus sancti.

Quare autem in quinto, sexto et septimo? Quia tribus vicibus datus est
2055 apostolis Spiritus sanctus: primo, quando crediderunt in Christum; secundo, in die Paschae; tertio, in die Pentecostes. Primo datus est ut
praeveniret; secundo, ut cooperaretur; tertio, ut perficeret. Qui enim sic
non accipit Spiritum sanctum, perfectus Christianus esse non potest. Propter haec enim tria data—non dico Spiritus, quia Spiritus quidem unus
2060 est, sed tria data—semel puer inungitur oleo ante quam baptizetur, semel
chrismate baptizatus per manum baptizatoris, semel per manum episcopi.

Quinque sunt autem ordines quos designat specialiter liber iste, qui
omnes abrenuntiantes saeculo secuti sunt Christum: primus fuit apostolorum, secundus martyrum, tertius doctorum, quartus heremitarum, quin-
2065 tus monachorum. Primus designatus est in leone, secundus in vitulo,
tertius in homine, quartus in aquila, quintus in throno Dei. Isti quinque
ordines per quinque tempora dividuntur, quae proprie pertinent ad statum
secundum. Porro duo tempora quae sequuntur sextum et septimum
fol. 62ᵛ   communiter aguntur inter statum secundum et tertium, et digniores / sunt
2070 ordines qui incipiunt propter novitatis fervorem, quam illi duo ordines
qui quinque suprascriptos sequuntur, et ideo sermo Dei tollitur a veteribus
et datur novis. Hac in re vigilanter pensandum, quod licet tanta virtus sit
in scripturis divinis ut plerumque inveniatur in singulis quod communiter
invenitur in pluribus, non ideo tamen indifferenter accipiendum est horum
2075 aliquid, sed unumquodque distincte et in ordine suo.

Ecce enim primus cursus habet aetates quinque, secundus septem; licet
illae magnae sint, istae tempore quidem sed non opere parvae. Et ideo
secundum hoc quinque panes ordeacei dandi sunt veteri Testamento, novo
septem triticei qui pertinent ad librum Apocalypsis.[181] Verumtamen ne

---

2047 supradictis: suprascriptis BC   2051 Spiritus: Spiritus *add.* C   2053 datio:
donatio BC   2054 et: in C   2056 Paschae: et *add.* C   2059 non dico *inv.* A
2060 inungitur: ungitur C   2065 leone: et *add.* C   2072 pensandum: est
add. BC   2073 communiter: convenire A   2074-2075 est horum aliquid: bonum
est aliquod C; horum aliquid: bonum aliquod B   2075 et *om.* BC   2077 parvae:
parvo C

[181] See John 6:9, 13; Matt. 15:36; Mark 8:6.

putes cursum illum fraudari septenario suo, cum omnis concordia Tes- 2080
tamentorum id deposcat, habet et ille septenarium suum, non tamen isto
modo, sed altero. Ecce enim primus cursus saeculi sub quo Testamentum
vetus consummatum est, quinque magnas aetates habuisse cognoscitur;
secundus vero cursus sub quo Testamentum novum perficitur, in septem
incisionibus distinguitur, et quasi in aetatibus septem parvu/lis; quia et 2085 fol. 63ʳ
septem tribus parvae fuerant comparatione aliarum quinque, etiam septem
ecclesiae quas commemorat liber iste,[182] quasi nihil fuerant comparatione
quinque ecclesiarum, quarum episcopi patriarchae dicuntur. Harum prima
Romana est, secunda Constantinopolitana, tertia Alexandrina, quarta
Antiochena, quinta Hierosolymitana, fundatione vero e converso, excepta 2090
Romana, quae velut stipes arboris cum ramis omnibus communionem
habet, et media inter quattuor fundata est, factis novissimis quae erant
primae, et quae novissimae primis. Sed de his alias.

Ad hoc enim ad praesens de eis mentio facta est, ut ostendamus causam
mysterii quod quinque aetates majores sunt, septem minores, et quod 2095
quinque pertineant ad Testamentum vetus quod carnalibus hominibus
datum est, septem ad Testamentum novum quod natis de Spiritu concessum est. Licet autem in quinque panibus ordeaceis quinque libri Moysi
intelligi queant, melius tamen quattuor historias speciales et unam generalem in eisdem accipimus, in quibus continetur universaliter quicquid 2100
pertinet ad quinque aetates.

Cum autem antiqua illa historiarum volumina taliter distinguuntur, /
tunc quattuor evangelia pro quattuor panibus triticeis accipienda sunt;   fol. 63ᵛ
liber Actuum Apostolorum pro duobus, eo quod in prima parte agitur de
Judaeis, in secunda de gentibus. Porro Apocalypsis liber qui contempla- 2105
tivus est, pro uno septimo pane accipiendus est, tamquam pro illo mannae
gomor, qui reponebatur in sabbatum. Sin vero semotis quinque aetatibus
et Testamento quod sub eis conditum est, de novo tantum Testamento
agendum fuerit, quod in duobus statibus continetur, tunc primus eorum,
hoc est, secundus status, in quinque temporibus distinguendus est, et 2110
quattuor quidem primis temporibus quattuor evangelia data sunt, quinto
vero tempori et sexto liber Actuum Apostolorum. Et ita quinque panes

---

2080 omnis: omnino BC   2085 distinguitur: distinctum est C   2086 etiam: et BC
2087 fuerant: fuerunt BC   2088 quinque *om.* A   2090 converso: contrario
BC; excepta: excepto B   2091 stipes: stirps BC   2095 aetates: aetate B
2096 pertineant: pertinent BC   2097 Testamentum *om.* BC; natis: natum B
2101 aetates *om.* A   2102 taliter *om.* C   2103 quattuor¹ *om.* BC   2107 Sin:
Si BC   2110 distinguendus est: distinguitur C

[182] See Apoc. 2, 3.

ordeacei praemittendi, benedicendi, et frangendi sunt in tempore sexto, ut cognoscatur Dominus in fractione panis.[183]

2115 Denique et castellum illud ad quod ibant sexaginta stadiis distabat ab Hierosolymis, ubi fractio illa a Domino facta est. Et idcirco constitutum est in ecclesia haud dubium quod a Spiritu sancto, ut completis sex hebdomadis a septuagesima, miraculum quod fecit Dominus de quinque panibus audiente universo populo in ecclesiis legatur,[184] ut sciamus quod

fol. 64ʳ 2120 in fine sexti temporis juxta hunc intellectum consummandum / erat in nobis, quod ante tot annorum curricula velut in suspenso manebat. Et merito sexto tempore benedicuntur panes ipsi, ut comedatur ex eis quod in aliis temporibus acquisitum est, quoniam: "alius est," teste Veritate, "qui seminat, et alius qui metit."[185]

2125 Cum vero quinque ipsa volumina, evangelia scilicet et liber Actuum Apostolorum sex temporibus coaptantur, tunc liber Apocalypsis in septimo tempore statuendus est, quod est initium tertii status, finis secundi, sicut commune dicitur aliquid de Joanne Baptista et Christo, videlicet quod uterque finis sit legis, uterque initium evangelii, licet ille ut homo,

2130 iste autem ut Deus homo. Et tamen ille qui prior natus est magis pertinet ad Testamentum vetus, Dominus autem qui baptizavit in Spiritu magis pertinuit ad Testamentum novum. Quod enim Joannes finis sit legis, Dominus ipse demonstrat, cum dicit: "Lex et prophetae usque ad Joannem Baptistam."[186] Quod principium evangelii sit, Marcus manifestat cum

2135 dicit: "Principium evangelii Jesu Christi, Filii Dei. Sicut scriptum est in Isaia propheta: Ecce mitto angelum meum," et cetera.[187] De Domino autem quod sit finis legis testatur apostolus, dicens: "Finis legis Christus, ad salutem omni credenti."[188]

fol. 64ᵛ Quomodo ergo uterque dicitur finis Testamenti veteris, / uterque prin-

2140 cipium novi, et tamen magis Joannes finis, Christus principium, ita sextum et septimum tempus quae sunt in confinio secundi et tertii status ambo in fine secundi status accipienda sunt, ambo in principio tertii— acsi Joseph qui natus est ante quam Jacob reverteretur de Haran, et

2113 praemittendi: praetermittendi C; et *om.* BC; frangendi: significandi *add.* BC
2116 est: fuit BC   2120 erat: erit BC   2124 et *om.* BC   2137 dicens *om.* BC
2143 Haran: Aaron C

[183] See Luke 24:13-35.
[184] See Luke 9:10-17.
[185] John 4:37.
[186] Luke 16:16.
[187] Mark 1:1-2.
[188] Rom. 10:4.

Benjamin qui natus est post reversionem ipsius.[189] Et tamen sextum tempus et sextus ordo magis ad statum pertinere noscuntur tertium. Verum- 2145
tamen sicut Joannes perfectionem suam et novitatem vitae non de primo
statu accepit, sed de secundo, ita perfectio novi ordinis in angelo Phi-
ladephiae qui sextus est designata, de gloria novi status est, non de
calamitate vetusti, quia omnia quae in mundo sunt veterascunt et transeunt, et nihil est stabile super terram. Sic igitur in sexto tempore statui 2150
potest libri principium, propter illud quod in eo scriptum est, vidi Agnum
tamquam occisum,[190] sed tamen summum ejus perfectumque principium
illud est, quod subsequenter adjungitur: "Ecce vicit leo de tribu Juda,
aperire librum, et solvere septem signacula ejus."[191] Agnus sane occisus
ad sextum pertinet, leo resurgens ex mortuis ad tempus / septimum, quia 2155 fol. 65ʳ
et sexto die sextae hebdomadae passus est Dominus, et prima die septimae
quae alio genere octava est et prima, resurrexit a mortuis.

Sicut ergo Joannes praecursor factus est Domini, ita tempus sextum
praecucurrit septimum. Et ideo utrumque tempus dici potest principium,
licet sextum quasi praecurrens, septimum ut consummans principium et 2160
evacuans quod ex parte est, juxta illud quod de adventu suo et subse-
cutione Domini per eundem praecursorem dicitur: "Qui post me venit,
ante me factus est; cujus ego non sum dignus ut solvam corrigiam cal-
ceamenti ejus."[192] In septimo ergo tempore statuenda est prima pars libri,
acsi in hebdomada Paschae, quam scilicet hebdomadam ambae subse- 2165
quuntur terminatae in vigilia Pentecostes. De quo per beatum Ambrosium
in quodam suorum hymnorum dicitur: "Sollemnis surgebat dies, quo
mystico septemplici orbis volutus septies signat beata tempora."[193] Quod
si exclusis quinque libris prioribus, quattuor scilicet evangeliis et libro
Actuum Apostolorum, in solo Apocalypsi utrumque requiritur, et illud 2170
videlicet quod ad quinque ordines, et illud quod / refertur ad septem, fol. 65ᵛ
miro quodam et ineffabili modo, acsi quinque corporis sensus et septem
virtutes animi in uno perfecto viro conveniunt.

2144 qui natus est *om.* BC   2149 veterascunt: veterescunt C   2154 septem *om.* C
2156 et¹ *om.* BC; septimae: septima BC   2159 praecucurrit: praecurrit BC
2163 ego *om.* BC   2165 ambae: aliae BC   2167 surgebat: urgebat C
2170 Apocalypsi: Apocalypsis C   2171 refertur: referunt BC   2173 conveniunt:
conveniant BC

[189] See Gen. 28:10, 30:25, 35:18.
[190] Apoc. 5:6.
[191] Apoc. 5:5.
[192] John 1:27.
[193] Joseph Connelly, *Hymns of the Roman Liturgy* (Westminster, Md., 1957), pp. 108-
109.

Sed melius hoc intelligimus, si duorum apostolorum Christi praeci-
2175 puorum in mysteriis gesta pensamus. Petrus et Joannes apostolorum prae-
cipui, magnam prae coapostolis suis praerogativam in mysteriis habuisse
noscuntur.[194] Primus namque illorum vitam activam, secundus contem-
plativam designat, quia alter assumpta cruce secutus est Dominum, alter
diu certans in corpore pacato fine quievit. Et quia quinque corporis sensus
2180 ad actionem pertinent, septem virtutes animi ad contemplationem, justum
fuit ut Petrus senior quinque aedificaret ecclesias, Joannes septem, ut in
his duodecim ecclesiis omnium aliarum fundamenta consisterent. Et de
Joanne quidem certam auctoritatem habemus, de Petro autem utrum haberi
valeat an non inquiramus.

2185   Petrus a principio praefuit Hierosolymis, et aedificavit ecclesiam quae
concordat cum tribu Ruben, deinde praefuit Antiochiae quae concordat
cum tribu Gad, deinde praefuit Romanae quae concordat cum tribu Juda.
fol. 66ʳ   Porro Alexan/drinae ecclesiae per seipsum non praefuit, sed misit illuc
discipulum suum qui fundaret illam et regeret vice sua, et inter primas
2190 ecclesias sublimandam nutriret. Cum vero pars Romanorum sequeretur
Augustum, et ex ea apud Constantinopolim gens nova propagata fuisset,
ita ut antiquitus nova Roma tamquam Romae filia et consors imperii
diceretur, visum est praelatis ecclesiarum, et etiam in conciliis constitutum
est, ut inter principales ecclesias Constantinopolitana ecclesia sublimari
2195 debuisset, essetque post Romam secunda, prima inter ceteras quattuor
tamquam consors et particeps sanctae Romanae ecclesiae. Est ergo Romana ecclesia acsi altera Hierusalem sedes Dei, in cujus circuitu et in
medio quattuor animalia visa sunt, de quibus in hoc libro per Joannem
dicitur:[195] "Et animal primum simile leoni, et secundum animal simile
2200 vitulo, et tertium animal habens faciem quasi hominis, et quartum animal
simile aquilae volanti."[196]

Assimilatur denique primitiva ecclesia fortissimo animali leoni, quia
ex ipsa processit leo fortissimus qui fundavit eam, sicut de illa in quodam
fol. 66ᵛ   loco per psalmistam dicitur: "Numquid Sion dicet: Homo / et homo natus
2205 est in ea, et ipse fundavit eam Altissimus?"[197] Assimilatur Antiochena
secundo animali, quod est vitulus, quia in ea reperti sunt primo discipuli

2175 mysteriis: ministeriis C   2178 quia: quod A   2180 animi: tamen C
2192 filia: filii C   2195 post Romam: Romana C   2196 Romanae: Romanorum BC   2199 Et¹ *om.* C   2203 qui ... illa: eum sicut de illo qui fundavit eam C
2206 secundo: secunda C

[194] Denifle, 1: 116.
[195] Tondelli, 1: 50.
[196] Apoc. 4:7.
[197] Ps. 86:5.

Christiani parati ad oboediendum in omnibus quae mandarent apostoli. Assimilatur Alexandrina tertio animali, hoc est, homini, quia magni in ea doctores antiquitus reperti sunt, cum necdum in ecclesia Romana doctorum suorum aliquis claruisset. Assimilatur Byzantina ecclesia quarto 2210 animali, hoc est, aquilae, eo quod in ea invenirentur viri contemplantes coelestia, fortassis occasione Macedonii, qui Paracletum sanctum Deum esse negavit.

Ut enim ex ecclesia prima processit Judas, qui terrore malitiae suae cautos fecit apostolos, ita ex Antiochena processit Nicolaus, unus de 2215 septem, qui factus inoboediens errorem suum posteris dereliquit, ita ex Alexandrina Arius, sacerdos impurus, qui doctor videri cupiens, auctor pravi dogmatis adversus Dei Filium factus est, ita Macedonius altius contemplari cupiens, blasphemare in Spiritum sanctum compulsus est. Offendit ergo Nicolaus Patrem ruptis oboedientiae vinculis; offendit Arius 2220 unigenitum Dei, ignorans humilitatis virtutem, / in qua et totius magisterii plenitudo est; offendit Macedonius Spiritum sanctum, ignorans libertatis gratiam quae in Spiritu sancto donata est, ita ut per illum efficiamur filii, qui digni non eramus vel servi, ignorans, inquam, illud quod per apostolum dicitur, misit Deus Spiritum Filii sui in corda nostra, in quo cla- 2225 mamus: Abba, Pater.[198] Sed plerumque cum reprobi prolabuntur in haeresim, in ea parte in qua illi errant electi perfectius instituuntur, quia dum cupiunt vitare haeresim veritatem inquirunt, cumque ratio ipsa docet quod aliquando simplicitas fidei nuda, ut ita dixerim, auctoritate tenebat, incipit esse contemplator, qui prius erat fidelis, ut eum jam contemplando teneat, 2230 quem fide aliquando cognoscebat.

Sic ergo in primitiva ecclesia doctrina typica fundata est, in Antiochena historica, in Alexandrina moralis, in Byzantina contemplativa, in Romana generalis, quae est unitas et collectio fratrum, et designata in illo cubito arcae in quo totius corporis vastitas consummata est, ut nulla sit in arca 2235 Domini scissura, licet in illis quattuor quadrata esse videatur, sed sit in modum tunicae inconsutilis, desuper contextae / per totum.[199] Quod si ita est, quid dicemus de his ecclesiis quae gentes sibi diviserunt, et adhuc

fol. 67^r

fol. 67^v

2209 necdum: nec A   2211 hoc est, aquilae *om.* BC; ea: eo C   2212 Paracletum: Spiritum *add.* BC   2214 prima: sua A; qui: pro A   2215 ita: ut *add.* C 2216 factus: est *add.* C   2220 Offendit[1]: Ostendit C; Patrem: partem C; offendit[2]: ostendit C   2222 offendit: ostendit C   2223 quae: nobis *add.* BC   2227 errant: erant C   2228 veritatem *om.* A; cumque: cum quod A; ipsa: ista C   2231 cognoscebat: cognoscatur C   2232 Sic: Si B   2234 cubito: cubitu C   2237 contextae: contexta A

[198] Gal. 4:6.
[199] John 19:23.

dividunt in quattuor partes, ut impleatur scriptura quae dicit: "diviserunt
2240 sibi vestimenta mea, et super vestem meam miserunt sortem?"[200] Quomodo ergo tunica inconsutilis, nisi quia non simpliciter ipsae ecclesiae
participare aeternaliter tunicae Domini credendae sunt, quae sicut in evi-
denti esse coepit ad gentium portiones deveniunt, sed illud quod per ipsas
ecclesias spiritualiter intelligitur?

2245   Designatur enim in primitiva ecclesia ordo pastorum, qui a sanctis
apostolis incohatus est; in Antiochena ordo diaconorum; in Alexandrina
ordo sacerdotum, qui ad docendum spiritualiter populum institutus est;
in Constantinopolitana, ordo virginum, quem decet vacare et videre quam
suavis est Dominus; in Romana, generalis ecclesia quae mater est omnium
2250 electorum, quae cum sit una et unica columba Christi, de calore Spiritus
sancti et oleo spirituali fecunda, in procreandis Deo filiis et spiritualiter
educandis laborat.

   Sunt igitur quinque generales ordines in vita desudantes activa, septem
speciales contemplationi vacantes. Ideoque secundum plus et minus illi
fol. 68ʳ 2255 quinque primi quasi carnales sunt et in / carne pugnantes, septem, quos
speciales diximus, in spiritu Domino servientes. Et illos quidem qui
corporales sunt quinque opera Christi erudiunt, nativitas scilicet et baptismus, passio, resurrectio, et in coelum ascensio, quorum quidem quattuor quattuor animalibus suprascriptis, leoni scilicet et vitulo, homini et
2260 aquilae assimilata sunt. In uno autem quod est baptismus corporali specie
sicut columba Spiritus sanctus apparuit, ut sciamus quam virtuosum sit
militare contra vitia carnis, quam gloriosum et felix coronam immorta-
litatis in eadem carne percipere, quandoquidem propter haec Dei Filius
nasci, baptizari et mori in carne mortali et passibili dignatus sit, ut in ea
2265 quoque a morte resurgeret, et ad patriam coelestem immarcessibilem
gloriam suscepturus ascenderet.

   Septem vero speciales ordines, ad quos mira illa linguarum divisio et
ignis insufflatio pertinere cognoscitur, non tam corporalis exercitatio pro-
bat, quam septem invisibilibus donis Spiritus sanctus illustrat, separans
2270 illos a carne reliqua et in proprium sui cultum assumens, ut ipse sit eorum
possessio. Pro quo possessionum copiae et totius mundi gloriae valedi-
fol. 68ᵛ   cunt, cantantes in cordibus suis / Domino, et assidue in orationibus suis
cum psalmista dicentes: "Quid enim mihi est in coelo? Et a te quid volui

   2240 et ... sortem *om.* BC   2244 ecclesias *om.* A; spiritualiter: specialiter BC
2245 Designatur: Designant C; qui a: quia C   2250 Christi: et *add.* C
2256 Domino: sancto A   2257 Christi: et *add.* B; scilicet *om.* C   2267 speciales:
spirituales C   2270 ut: et BC   2273 mihi: nihil C; coelo: coelum BC; a: ad BC

[200] Ps. 21:19.

super terram? Defecit caro mea et cor meum; Deus cordis mei, et pars mea, Deus, in aeternum."[201] Non igitur inter illos annumerandi sunt isti, 2275 qui sic creatori suo placere student, ut tamen possidere quae sua sunt et uti eis simpliciter velint, facientes ex eis fragmenta inopi, et porrigentes portiunculas indigenti, sed inter eos qui respondentes Domino dicere potuerunt: "Ecce nos reliquimus omnia, et secuti sumus te."[202]

Licet enim sancti apostoli in sortem generalium ordinum propter la- 2280 bores passionis reputati sint, nihilominus tamen ut fundatores ecclesiae utrisque ordinibus debitores fuerunt, ut et perfecti reperirent in eis in quo possent proficere, et infirmi quod imitari possent, ne rigore praegravati deficerent. Praedicabant carnalibus Christum crucifixum; loquebantur sapientiam inter perfectos; omnibus omnia facti sunt ut omnes facerent 2285 salvos, imitantes Christum Jesum qui venit in mundum non ut vocaret justos, sed ut quaereret et salvum faceret quod perierat.[203]

Quocirca sancti apostoli non / infra quattuor animalia aestimandi sunt,   fol. 69r
sed supra ea, etsi aliquid habeant cum leone commune, sicut de eis et de quibusdam aliis dicitur: "In circuitu sedis sedilia viginti quattuor et 2290 supra thronos viginti quattuor seniores circumsedentes, amicti vestimentis albis, et in capitibus eorum coronae aureae."[204] Si enim quattuor animalia in medio et in circuitu sedis esse feruntur, et distincte de animalibus dicitur quod sedeant super thronos viginti quattuor, liquet quod seniores quattuor animalibus praeferuntur, et non tam de illorum numero quam 2295 supra illos aestimandi sunt, non quasi tyranni et domini, sed sicut patres venerabiles et benigni fundatores, et patroni omnium ordinum, omniumque sanctarum ecclesiarum.

Igitur ecclesiae septem quas Joannes instituit, ita illos ordines designant qui a mundi consortio segregati sunt et contemplationi invigilant, quo- 2300 modo illae quinque quas Petrus aut per se aut per alios, ut praefatus sum, fundasse dignoscitur, illos quinque ordines generales quos superius scripsimus. Quod si quinque principales ecclesiae pertinentes ad Petrum, quinque generales ordines praedicationi et operibus insistentes de/signant,   fol. 69v

---

2275 Deus: meus *add.* BC; Non: Quoniam BC   2278 sed: Hoc BC   2280 sancti *om.* BC   2281 sint: sunt BC   2284 loquebantur: loquebatur C   2285 facti: facta B 2286 vocaret: revocaret C   2290 de *om.* B; sedis: Dei *add.* A   2294 super: supra BC   2294-2295 liquet ... quattuor *om.* C   2295 praeferuntur: proferuntur C 2300 qui: quia C; invigilant: vigilant BC   2302 superius *om.* BC   2304 et operibus *om.* B

[201] Ps. 72:25-26.
[202] Matt. 19:27.
[203] Luke 19:10.
[204] Apoc. 4:4.

2305 septem vero pertinentes ad Joannem, septem speciales ordines contemplationi vacantes, restat nunc de istis inquirere qui sint et utrum cum illis
quinque aliquam similitudinem habeant, et utrum ita sibi conveniant quomodo sensus corporis cum virtutibus animae,[205] quod tamen et ipsum
idem in quaestione relinquitur.

2310   Primo ergo id ipsum discutiendum est, utrum ita sit, et quomodo sit,
praesertim cum quinque et septem ad duodecim consurgant, et nequaquam
sibi ex aequo conveniant, quia ut sibi convenire possint septem, septem
requirunt. Perturbaret aequalitatem, sive ut dicamus melius similitudinem
istam sacer apostolorum numerus, nisi quia propter ipsam duo aposto-
2315 lorum novissimi, Paulus scilicet et Barnabas, duodecim superadditi sunt,
ut et propter sacrum mysterium Trinitatis quod duodenarius exigit numerus, duodecim apostolorum nomina in fundamentis Hierusalem scripta
esse dicantur, et propter septem dona Spiritus qui subjectas, ut ita dixerim,
mansiones requirit, quartus decimus apostolorum numerus in scripturis
fol. 70ʳ 2320 canonicis reperiatur. Nec mirum / tamen.

Si enim civitas illa coelestis oculis cordis nostri infigitur, invenitur
quinque illas distinctiones habere. Est enim civitas ipsa, ut ait Joannes,
in quadro posita, et in unaquaque partium portas tres habere describitur.[206]
Hujus pars orientalis pertinet ad leonem qui pastores designat, septen-
2325 trionalis ad vitulum qui diacones respicit, occidentalis ad hominem qui
doctores significat, australis ad aquilam quae contemplatores designat,
corpus civitatis ad aquilam, quae sanctam matrem ecclesiam quae proprie
clericorum est, exprimit, cujus filii sunt illi, qui necdum praedicare, aut
competenter praedicatorum vocem audire et retinere sufficiunt.

2330   Quod sit ita est, quid de continentibus aut conjugatis dicendum? Numquid et ipsi a coelestis aedificii structura tolluntur, tamquam non praepositi
lapides vivi sint pertinentes ad aedificium regni coelorum? Sed ad haec
memores esse debemus, quia ubi loquitur scriptura de habentibus domos
in civitate, etiam de suburbanis et vicis mentio fit, sicut et per Tobiam
2335 dicitur, per omnes vicos ejus cantabitur alleluia.[207] Si autem in suburbanis
continentes, in vicis conjugatos accipimus, ut et ipsos cum sint fideles

---

2312 quia: et BC; septem² *om.* BC   2313 requirunt: requiritur BC   2314 propter: per C   2318 dona *om.* BC   2319 requirit: requirunt BC   2320 Nec mirum:
Nimirum BC   2321 enim *om.* BC; infigitur: infingintur C   2322 illas *om.* B
2323 in² *om.* BC; describitur: dignoscitur BC   2326 quae: qui C   2328 necdum:
nec BC   2330 dicendum: est *add.* BC   2331 praepositi: et ipsi BC   2332 haec:
hoc C   2334 vicis: vitis C; et *om.* C   2336 vicis: vitis C

[205] Tondelli, 1: 51.
[206] See Apoc. 21:10-21.
[207] Tob. 13:22.

ordines, in quinque superioribus / jungamus, liquet quod septem sunt
ordines pertinentes ad corporis unitatem, acsi tactui manuum, gustui oris,
auditui aurium, visui oculorum, et odoratui narium, incessus quoque
pedum et opus matrimonii adjungantur, ut ita inveniantur in uno corpore
septem sensus, quomodo septem dona Spiritus in una anima, licet propter
illa quae diximus duos inferiores sensus saepe scriptura supprimat, conclu-
dens illos sub nomine tactus, qui tamen alio genere supprimendi non sunt.
Inde est quod nequaquam septem, sed quinque sunt principales ecclesiae,
de quibus per prophetam dicitur: "Erunt quinque civitates in terra Aegypti
loquentes lingua Chanaan; Civitas Solis vocabitur una."²⁰⁸

Quae est autem illa una quae vocatur Civitas Solis, nisi sancta Romanorum ecclesia quae unitatem aliis omnibus servat et pacem, eo quod
mater sit et vinculum omnium ecclesiarum? Haec ergo una cui praesidet
sol justitiae Christus, et ordo generalis designatus in illa continet sub se
duos ordines illos qui ejusmodi civitates non habent; quamvis non frustra
crediderim, non casu aliquo accidisse sed Domini voluntate, qui ni/hil in
terra sine causa fieri patitur contigisse, ut duas quasdam occidentales
ecclesias in partibus Venetiorum et Aquileiae sub Romanae ecclesiae
finibus constitutas patriarchali praenomine honoratas esse videamus, ut
quomodo civitas illa quae sursum est suburbana et vicos habere dicitur,
ita Romana ecclesia quae in typo civitatis ejusdem omnibus ecclesiis
praelata est, duos istos patriarchatus qui minoris auctoritatis sunt, sub
mensura calami sui et virga acsi princeps famulas videatur habere.

Licet enim de jure sit ut decretis sanctae Romanae ecclesiae universitas
ecclesiarum subdi debeat, solae tamen occidentales ecclesiam Romanam
sequuntur, sicut sola tribus Juda domum David, reliquae autem recalci-
trare et velut ex aequalitate quam sibi arrogant repugnare noscuntur. Quod
si in una ecclesiarum illarum usurpatam quis dignitatem et honorem pa-
triarchalis vocabuli praeter causam existimat, magisque Ravennatem ecclesiam a beato Apollinare martyre discipulo sancti Petri apostoli fundatam,
aut aliam omnino ecclesiam ad complendum septenarium numerum acci/
piendam dixerit, non est in hujusmodi re asserenda vel neganda necessitas,²⁰⁹ dum modo intelligamus septem ordines juxta exercitium consti-

2337 in: et BC   2340 adjungantur: adjungatur BC   2341 Spiritus: sancti add. C;
propter: per C   2343 tamen: tantum BC   2345 Erunt: Sunt BC   2347 autem:
civitas add. C; nisi: sola add. C   2353 ut om. BC   2357 ecclesia om. B
2359 princeps: sit add. BC; famulas: famulos C; videatur: videtur C   2361 tamen:
tantum BC   2364 quis: qui C   2365 causam: eam C; existimat: existimant BC;
magisque: magis quam A

²⁰⁸ Isa. 19:18.
²⁰⁹ Tondelli, 1: 145.

2370 tutos in ecclesia, totidemque spiritualibus inhaerentes, sic tamen ut in illis ordinibus quos ad Petrum pertinere diximus, duo ultimi qui inferiores sunt sub quinto qui prae ceteris generalis est et major tacite intelligatur, quomodo sub nomine tactus, simul et incessus pedum et opus conjugii intelligitur.

2375   Haec cum ita se habeant, quid obstet non video, quin sensus corporis qui quinque esse dicuntur et tamen alio genere septem sunt, cum septem virtutibus animae consona unione conveniant, quatinus unicuique virtuti similis sibi sensus subjaceat: ut est fortitudini brachiorum spiritus fortitudinis; locutioni oris per quam datur consilium; seu etiam gustui qui 2380 dulce ab amaro discernit spiritus consilii; auditui aurium spiritus intellectus; visui oculorum spiritus sapientiae; odoratui in quo est discretio ad eligendum aut reprobandum aliquid spiritus scientiae; incessui pedum qui ministrantibus incumbit spiritus pietatis; voluptati carnis quae sine culpa /

fol. 72ʳ   exerceri nequit spiritus timoris.

2385   Secundum hoc igitur Hierosolymitana ecclesia cum Ephesia, Antiochena cum ecclesia Smyrnae, Alexandrina cum ecclesia Pergami, Constantinopolitana cum Thyatirae, Romana cum Sardium aliquid simile et nomen habere videretur. Quod etiam in reliquis duabus observandum esset si de eis specialiter ageretur, et non potius sub aliis intelligendae 2390 essent, sicut sunt religiosi illi qui litteras nesciunt, quorum alteri conversi, alteri familiares a modernis dicuntur, sive ut in partibus Hierosolymae quidam religiosi laici Templarii, quidam Hospitalarii dicti sunt, de quibus tamen, ut jam dixi, sermo proprius in hoc libro non est, quia sextum tempus quod his posset ascribi, novae cuidam plantationi subjicitur res- 2395 picienti per concordiam tempus primum, eo quod quinque perfectiones denarii, septem perfectiones septenarii infra semet ipsas concludant, et quadam arithmeticae spiritualis virtute senarius octonarium aequivaleat, et uterque per concordiam aequipolleat primo.

Non igitur ecclesia Philadelphiae, et ecclesia Laodiciae quae ultima fol. 72ᵛ 2400 scribitur cum supra/dictis duabus ultimis consonare putentur, sed magis duae simul angustatae sub una, cum Hierosolymitana ecclesia et cum tribu Ruben tertiam praefigunt concordiam, eo quod per singulos status ob claritatem sequentis luminis denigretur praecedens, et haberi pro corporali incipiat quod spirituale antea putabatur, acsi luna quae respectu

---

2370 totidemque: totidem quidem A   2375 non: in C   2377 quatinus: quae C 2378 similis: singulis BC   2379 quam: quem C   2381 est *om*. C   2388 et nomen: consonum BC; etiam *om*. BC   2389 specialiter *om*. BC   2390 alteri: alterum C 2396 denarii: duodenarii BC; ipsas: ipsos C   2397 aequivaleat: aeque valeat BC 2399 ecclesia¹: ecclesiae B   2400 duabus: duobus C   2404 antea: anathea C

alicujus stellae magnum luminare est, respectu solis quod majus est minus 2405
esse dicatur et sit.

Verbi gratia, cum populus Judaeorum hereditatem temporalem expeteret, de sola tribu Levitica dictum est: Non habebit Levi hereditatem
inter fratres suos, quia ego sum, ait Dominus, hereditas et possessio
ejus.[210] Haec autem tribus quae velut luna splendida lucebat in populo, 2410
⟨et⟩ circa sexti temporis extremitatem quam feliciter floruit, prolato prius
praecursore Domini qui multos baptizavit in aqua, protulit tandem sa-
cerdotem magnum Christum Jesum qui plures baptizavit in Spiritu. Ex
quibus ipse qui fecit omnia sextam apostolorum fundavit et consummavit
ecclesiam. Nec defuerunt ex eodem populo reliquiae, ex quibus septima 2415
fundaretur / ecclesia, illa scilicet ecclesia quae vocata est a gentibus   fol. 73r
primitiva, eo quod ab apostolis fundata fuerit in Hierusalem priusquam
verbum Domini propagaretur in gentibus, ad instar illius ecclesiae Le-
vitarum quae prima fuit in statu primo, et prima eduxit populum ex
Aegypto, cui successit secunda in tempore Judicum, tertia in tempore 2420
Regum usque ad Eliam prophetam, quarta ex eo tempore usque ad Zedechiam, quinta quae translata est in Babylonem, sexta quae incohavit a
renovatione templi, in cujus fine facta est revelatio de Joanne Baptista,
et multitudo discipulorum Joannis et Christi collecta est per baptisma,
quae tamen tandiu perseveravit in lege, quousque Christus passus in cruce 2425
corpus peccati simul configeret et mortificaret in ligno.

Propter quod et primitiva ecclesia ab apostolis derelicta est, quia post
verbum crucis ut canis ad vomitum reversa est, quaerens justificari in
lege, quae jam curata erat per gratiam. Haec in primo intellectu, in fine
videlicet primi status tribui Dan assimilata est, quae ultima fuit in septem 2430
tribubus, et absorpta est. In secundo autem statu mutato intellectu in
principio ejusdem status, eadem ecclesia / primitiva accipienda est in   fol. 73v
similitudinem Ruben, qui propter incontinentiam suam primogenita perdidit. Data sunt autem filiis Joseph, qui significant Alexandrinam et
Constantinopolitanam ecclesiam.   2435

Erat enim in ecclesia primitiva aliquanta multitudo gentilium, hoc est,
Graecorum, quae sub lege vel reperta vel reducta est, de quibus dicitur:

2405 quod: qui A   2407-2408 expeteret: expectet C   2408 habebit: tribus
add. BC   2409 suos *om.* BC   2411 sexti: sextam C   2414 et *om.* C   2415 Nec
defuerunt: necdum fuerunt BC   2416 scilicet: sed BC   2419 ex: de C   2421-
2422 Zedechiam: Ezechiam BC   2422 Babylonem: Babylone B   2424 collecta:
collocata BC   2425 passus: est *add.* C   2426 simul *om.* A   2427 quia: quod BC
2429 erat: est C; Haec: hujus BC   2433 similitudinem: similitudine A
2434 significant: significavit C

[210] Ezech. 44:28, Num. 18:20.

"In diebus illis, crescente numero discipulorum, factum est murmur Graecorum,"[211] secundum quos praecipue Rubeniticae assimilata est. Nempe
2440 et in ecclesia Galatarum corruptio ipsa reperta est, haud dubium quod a
pseudo-apostolis decepta, qui ab ecclesia primitiva processerant, dicentes
oportere omnem hominem ingredi secundum legem Moysi, et per omnia
jussa legalia usque ad unum iota servare. Fuit itaque ordo Leviticus
spiritualis in septem, ut ita dixerim, generationibus suis, respectu laicorum
2445 illius temporis, qui in duodecim tribubus continebatur, et praecipue in
tribu Juda, quoniam aliae citius absorptae sunt. Habuit enim et tribus
Juda cum ceteris successiones suas in temporibus quinque, usque ad
Zorobabel qui ascendit de transmigratione Babylonis, post quem Nehe-
fol. 74ʳ   mias / sacerdos, et exinde usque ad Herodem sacerdotes in illo populo
2450 principatum tenuisse leguntur.

Sic igitur aperte liquet, quod in primo statu pars inferior usque ad
finem quinti temporis in claritate perstitit, superior vero usque ad finem
sexti, quod scilicet tempus sextum duas protulit electorum species, quae
etiam sub uno signaculo reputatae sunt, eo quod in quinque illis tem-
2455 poribus septem alio modo tempora assignari queant, propter quod et
septuaginta anni transmigrationis Judae in sabbatum reputati sunt, completis
ab initio mundi septuagenis quadraginta novem, et a prima aedificatione
templi septuaginta septem.

Quocirca ut dies quadraginta novem, qui faciunt septem hebdomadas,
2460 addita monade, in Pentecosten convertuntur, ita quinque illa tempora
septenarium suum habuisse noscuntur, secundum tempus illud quod alias
sextum diximus octavum est, tempus videlicet incarnationis Dominicae,
sicut dies illi qui Pentecostae juncti sunt, et secundum numerum decadum
in sexta decada, et secundum numerum hebdomadarum in octava heb-
2465 domada reputandi sunt. Propter hoc magnum mysterium, quod diligentius
fol. 74ᵛ   in multis locis notari et assignari / oportet, scribentibus evangelistis pro-
missionem Domini dicentis: "Sunt de hic stantibus qui non gustabunt
mortem, donec videant Filium hominis venientem in regno suo,"[212] unus

2438 murmur: numerus BC   2439 secundum quos: secundo, quae BC
2441 qui: quia C   2442 oportere: oportet BC   2443 jussa: juxta BC
2445 tribubus *om.* B; continebatur: continebantur BC; in: et C   2446 et *om.* BC
2447 ceteris: conceteris C   2449 et *om.* BC   2450 tenuisse: retinuisse C; leguntur:
legantur BC   2451 ad: in B   2454 uno: primo BC   2456 reputati: deputati C
2458 septuaginta: septuagenis BC; septem *om.* C   2459 dies *om.* BC   2460 addita:
addito AB, abdito C   2461 tempus ... est: quod BC   2463 illi *om.* C; Pentecostae:
Pentecosten B   2463-2464 decadum ... numerum *om.* BC   2466-2467 promissio-
nem: promissione A

[211] Acts 6:1.
[212] Matt. 16:28.

evangelista scripsit factum miraculum post dies sex, alius vero post dies octo, nimirum quia tempus quod designatur in diebus ipsis et secundum 2470 aliquid octavum est, et secundum aliquid sextum.

Septem ergo ecclesiae quibus scribit Joannes, septem spiritualium hominum generationes designant.[213] Quorum tamen alii commendantur, alii non, quia non omnis qui dicitur monachus, monachus est; sed is qui, relictis omnibus et seipso, in spiritu contrito et humiliato sequitur Chris- 2475 tum; et quod foris habitu praetendit, intus morum studiis et vitae puritate adimplet.

Ecclesia ergo Ephesi quae prima est, et a Paulo fundata, illos religiosos respicit, qui ad vocem apostolicam crediderunt; et transcendentes commune praeceptum, propositum continentiae tam carne quam spiritu susceperunt, 2480 quaerentes hic affligi in corpore, ut possent in futuro saeculo felicius regnare cum Christo. Hoc autem propositum duplex fuit, non tamen contrarium: / aut manere scilicet solos in heremo, aut communiter a sae-   fol. 75ʳ cularibus sequestratos, ut non impedirentur vota et orationes eorum.

Ecclesia vero Smyrnae quae secunda est, illos religiosos designat, qui 2485 in tempore sanctorum martyrum subsecuti sunt. Ideoque etsi plures eorum cum beato Joanne Evangelista evaserunt gladium, nihilominus tamen passionum et patientiae participes effecti sunt, vel quia capti incarcerati et afflicti fuerunt, vel quia maximum in corde gemitum pro his qui patiebantur, et pro his praecipue qui ruebant, et pati non poterant habuerunt. 2490

Ecclesia quoque Pergami non dissonat a doctoribus sanctis, sed nec ecclesia Thyatirae a contemplatoribus veritatis. Fuere namque religiosi plurimi in diebus doctorum, qui et ipsi docebant subjectos suos et quoscunque fideles vitare consortia haereticorum; et nihilominus sacrae virgines in tempore quarto, quae relictis domibus et rebus parentum, assumpto 2495 religioso velamine, aut solae in privatis cellulis, aut communiter in cenobiis, Deo vivo et vero servirent.

Haec est enim differentia inter illos ordines qui in saeculo militant, et eos qui a saeculo / sequestrantur: quod illi, etsi bene vivant, aliquid tamen   fol. 75ᵛ sibi quo vivere in saeculo videantur reservant; hi autem cuncta deserunt, 2500 ut soli Deo vivere possint. Porro in tempore quinto secuta est sollemnis et generalis monachorum professio, sub regula sancti patris Benedicti

---

2470 nimirum *om*. BC; et: est BC   2471 octavum ... aliquid *om*. BC   2474 dicitur monachus *om*. BC; is: his B; et *om*. B   2475 seipso: se in ipso B   2478 fundata: est *add*. BC   2483 manere: manentes BC; solos: soli BC   2484 sequestratos: sequestrati BC   2489 qui: quae A   2491 nec: et BC   2493-2494 quoscunque: quosdam A   2500 videantur: videatur BC

[213] See Apoc. 2.

degentium, qui tamen, quia non recte regulam ipsam secuti sunt, in specie
ecclesiae Sardium durius increpantur, sicut et generalis clericorum ec-
2505 clesia cui similis ordo ipse, a Jeremia propheta, qui sic Israel ad litteram
objurgare videtur, ut tamen clericorum ecclesiam desolatam deploret.

Huc usque quinque et quinque acsi in fundamentis et muris urbis miro
modo conveniunt, reliquae vero duae ecclesiae ad tertium transeunt statum, et tamen cum secundo participant, sicut ecclesia discipulorum Joan-
2510 nis et Christi,[214] et ecclesia quam apostoli in circumcisione fundarunt,
quae cum essent velut flores et fructus earum quae sub lege praecesserant,
respectu tamen aliarum quae venturae erant in Spiritu, ob praecepta carnalis legis quae zelabantur post fidem, pro carnalibus et infirmis reputatae
sunt.

2515   Secundum hoc igitur accidet nunc in ordine monachorum sexto, designato in ecclesia Philadelphiae, et in ordine / septimo designato in
ecclesia Laodiceae. Duo isti ordines sub uno sexto tempore coartantur,
qui cum sint spirituales prae ceteris qui se praecesserunt, respectu tamen
quorundam qui superventuri sunt, minus et ipsi spirituales, minus contem-
2520 plativi reperiuntur, quoniam hi circa scientiam litterarum laborant et studio
doctrinae adhuc insistunt; illi veritate praecognita sola coelestia degustare
intendent, non ut quaerant scire quae sint, sed ut possint apprehendere
quae Spiritu insufflante cognoscent.

Cum igitur tam primo statui quam secundo tempora quinque deputata
2525 sint, et tamen et ibi et hic septem justorum species repertae fore noscantur,
quid est quod in illis ordinibus qui ad corpus pertinent, duo ultimi ab-
sconduntur et supprimuntur; in his vero qui ad Spiritum spectant, duo
ultimi prae claritate sequentis luminis cujus perfunduntur confinio, cla-
riores prae ceteris esse videntur, licet septimus ordo de remissa conver-
2530 satione arguatur, nisi quia corporalis exercitatio a magnis incipit, et descendit
ad ima, spiritualis vero a minoribus incipit et ad potiora levatur? Et illa
quidem cum carne deficit, et a possessore aufertur; haec de bono transit
in melius et in / fine felicior reperitur.

Quocirca etsi septem sunt numero ecclesiae quae in hoc libro scribun-
2535 tur, quia tamen sola quinque tempora simplices ordines proferre noscun-

---

2504 generalis: generales C   2505 similis: singularis est BC; Israel: Hierusalem BC
2506 objurgare: objugare B   2512 venturae: veteres A, ventura C   2512-2513 carnalis: canalis B   2515 igitur: tamen BC   2516-2517 Philadelphiae ... ecclesia *om*. BC
2517 coartantur: continentur BC   2518 ceteris: cunctis BC   2519 minus ...
spirituales *om*. C   2520 laborant: laborat C   2521 veritate: vitare BC   2522 sint:
sunt C   2523 insufflante: inflante A   2525 sint: sunt C   2530 magnis:
magno C   2532 haec: hoc C

[214] Mottu, p. 252.

tur, sextum vero tempus ex utroque commixtos, eo quod tempus sextum
quod alia ratione octavum et primum dicitur, et finis sit veteris et initium
novi, liquet apertissime duas ultimas ecclesias anomalas esse, quae sic
ad completionem septenarii pertinent, ut tamen secundum aliquid repu-
tentur simul ambae pro una. Sicque fit ut quinque tantum tempora re- 2540
periantur proprie deputata statui primo, quinque secundo, transire vero
statum primum limitem secundi, secundum tertii, ut compleatur illud:
"donec nascantur nova, vetera comedetis."[215]

Quae cum ita se habeant, nulla jam cum adjutorio Dei difficultas
intelligentiae esse potest, cur in quinque generalibus partibus quinque 2545
tantum generales ordines et quinque tempora liber iste complectitur, cur
in septem specialibus septem ecclesias et sex tempora peragit, quorum
tamen sextum duplex est, propter illa quae superius diximus, et qua ratione
sextum tempus pro octavo et primo reputandum sit, quae nisi / vigilanter   fol. 77ʳ
discuterentur in capite, difficile in corpore discuti et intelligi possent. 2550

Prima itaque pars libri, in qua facta est mentio de dominico die et de
septem angelis ecclesiarum, pastoribus adscripta est;[216] secunda in qua
agitur de Agno qui fuit occisus, et de septem apertionibus signaculorum,
martyribus;[217] tertia in qua agitur de angelo offerente incensum coram
altari aureo, et de septem angelis canentibus tubis, doctoribus;[218] quarta 2555
in qua agitur de muliere amicta sole et de filio ejus, et de centum quadraginta quattuor milibus virginum, sacris virginibus;[219] quinta in qua
agitur de templo tabernaculi et mari vitreo mixto igne, et de septem angelis
egredientibus ex ipso, generali ecclesiae.[220]

Quia vero hi quinque ordines in corpore militant, et eis ut quibusdam 2560
corporis sensibus spirituales ordines uniti sunt, non frustra in singulis
istis septenarius numerus reperitur, quia tales sunt illi ordines qui spirituales dicuntur, ut quasi lapides sex angulati ubique conveniant, animantes
ceteros ordines ad exercitia sua. Dum enim praestante Deo cum cande-
labris lucent, cum pati/entibus patiuntur, cum doctoribus docent, cum 2565 fol. 77ᵛ

2537 sit: est Testamenti BC   2539 completionem: contemplationem BC   2540 simul *om.* A; una: prima A; Sicque: sic quod C   2542 limitem *om.* A   2544 cum²
om. BC   2546 tantum: tamen C   2547 specialibus septem *om.* BC   2552 adscripta:
adscriptarum BC; est *om.* BC   2553 occisus: ut *add.* C   2555 canentibus:
cantantibus C   2561 sunt: sint BC   2564 ceteros: cunctos BC

[215] Lev. 25:22.
[216] See Apoc. 2-4.
[217] See Apoc. 5-7.
[218] See Apoc. 8-11.
[219] See Apoc. 12-14.
[220] See Apoc. 15-16.

contemplatoribus contemplantur, cum zelantibus zelantur, et quod supra
ceteros est, sive in desertum transferuntur in spiritu ut videant damnationem meretricis magnae, sive in montem magnum et altum ut videant
gloriam sponsae Christi, quasi per singulos illorum quinque septenarium
2570 possident, et tamen non nisi septem sunt, sicut et septem spiritus Domini,
qui missi sunt ad omnem terram. Quod ergo usque ad quintum tempus
producitur, commune est et consors utriusque; quod autem in sexto et
septimo superest, spiritualibus ordinibus datum est. Et hoc in sexta suc-
cessione cui dicitur: "Veni, ostendam tibi damnationem meretricis ma-
2575 gnae,"[221] nimirum quia in sexto tempore punienda est Babylon. Et rursus:
"Veni, ostendam tibi novam nuptam, sponsam Agni,"[222] pro eo scilicet
quod sub eodem sexto tempore gloria matris nostrae Hierusalem revelanda
est cum percussa fuerit aemula ejus, quia justum est, ut jam dixi, apud
omnipotentem Deum, qui est Pater misericordiarum et Deus totius conso-
2580 lationis, ut cum superba cadit de sede, exaltetur humilis, et cum gloria /
fol. 78ʳ   mundi tendit ad nihilum, revelari incipiat gloria regni.

Ut enim breviter proferam proelia quae liber iste complectitur, quid
esse dicimus Babylonem nisi regnum diaboli, quod est in inferno; et quid
esse dicimus istam Hierusalem, nisi regnum Dei, quod est in coelo? Sunt
2585 ergo duo reges, unus austri, alius aquilonis, Deus videlicet et diabolus;
duae civitates, videlicet Hierusalem et Babylon. Habet Hierusalem quattuor animalia, quattuor scilicet ordines militum qui pugnant pro illa, et
ipsa nihilominus quantum praevalet, quoniam unusquisque ordinum habet, ut superius scripsimus, tempus suum.

2590   Habet et Babylon quattuor bestias quae pugnant pro ea. Quae tamen,
jubente Deo, insurgent ad ultimum contra illam, quia "non est pax impiis,
dicit Dominus."[223] Pugnant ergo singulae contra singulam, secundum
quod in contrarium oppositae esse videntur. Pugnant specialiter et ad
invicem, praeter id quod commune est, leo et leaena, vitulus et ursus,
2595 homo et pardus, aquila et bestia quarta, quae juxta Danielem prophetam
dissimilis erat ceteris et terribilis nimis, quoniam quidem Joannes in una
quadam bestia ex quattuor illis composita, quattuor ipsas bestias comprehendit. Et ad extremum Hierusalem et Babylon, praemissis quattuor /

2566 contemplatoribus: contemplantibus B   2567 ceteros: cunctos B; ut videant
om. C   2569 sponsae: sponsi A   2572 et¹ *om*. BC   2573 Et: in *add*. C
2584 istam *om*. A   2585 alius: et unus BC   2586 videlicet *om*. BC   2590 ea:
illa BC; tamen: tantum BC   2593 in: est C; oppositae: opposita A   2595 quarta:
quattuor C   2598 et²: ut C; Babylon: Babyloni BC

[221] Apoc. 17:1.
[222] Apoc. 21:9.
[223] Isa. 48:22.

proeliis, quinto loco et tempore simul ambae confligunt, quorum expositio   fol. 78ᵛ
talis est.   2600

In primo tempore conflixit ordo apostolicus assimilatus leoni, cum
synagoga Judaeorum quam designat leaena.[224] In secundo, ordo martyrum
designatus in vitulo, cum imperio Romano quod significat ursus. In tertio,
ordo doctorum designatus in Joanne, cum populo Ariano, quem significat
pardus. In quarto, ordo virginum designatus in aquila, cum gente Sara-   2605
cenorum designata in bestia illa terribili, occupante Africam et Aegyptum,
Syriam simul et Asiam, in quibus maxime partibus sacrae virgines et
heremitae crebruisse leguntur. In quinto, Romana ecclesia quae est spiritualis Hierusalem, cum Roma quae est altera Babylon; quin immo universa ecclesia cum universa multitudine reproborum, quae vitiis et   2610
corruptionibus suis foedare filios ejus, natos utique secundum Spiritum,
non quiescunt,[225] qui pro eo quod non aquiescunt votis nefariis, ab eis
multipliciter affliguntur.

Haec sunt quinque certamina quae milites Babylonis et milites Hierusalem in campo hujus mundi committunt, singulae turmae contra sin-   2615
gulas, / in temporibus quinque, licet generaliter et contra omnem singulae,   fol. 79ʳ
et contra singulas omnis—de quibus per singulas quinque partium pro
dono omnipotentis Dei abundantius in suis locis loquemur—a principio
scilicet ecclesiae usque ad dies nostros, in quos fines saeculorum istorum
devenerunt, quoniam quidem, ut verum fatear, ter verbum istud dicendum   2620
est, antequam desinat mundus iste, antequam transeant transitoria et sequantur aeterna:[226] primo scilicet consummatis saeculis Hebraeorum; secundo, hoc est, in proximo, consummatis saeculis plenitudinis gentium;
in fine vero mundi consummatis adhuc saeculis reliquiarum Israelis et
gentium.   2625

Nunc ergo consummatis quinque proeliis et quinque temporibus, des-
truetur nova Babylon, incohato scilicet tempore sexto, regnum videlicet
mundi hujus quod affligit ecclesiam. Et dabitur regnum quod est subtus
omne coelum, ut ait angelus Danieli, populo sanctorum, qui vocatur
spiritualis Hierusalem. Et paulo post, consummatis proeliis draconis bes-   2630

2603 designatus: designatur B   2609 cum ... immo *om*. BC   2614 Babylonis:
hujus mundi C   2615-2616 singulas: singulos C   2616 licet: hic B; omnem:
omnes BC   2617 singulas¹: singulos B; omnis: omnes BC; quibus: quinque B
2620 fatear: faterer B; ter *om*. A   2621 desinat: desinet C   2622-2623 Hebraeorum ... saeculis *om*. B   2624 et *om*. B   2627 incohato: incohata C   2628 dabitur:
inde *add*. C

[224] Mottu, p. 240.
[225] Tondelli, 1: 75, 83, 144-145.
[226] Denifle, 1: 114.

tiae et regum terrae et pseudo-prophetae, et incarcerato diabolo qui bella
ista committit, erit pax et sabbatum usque ad solutionem Satanae. Exibit
fol. 79ᵛ   enim circa finem / saeculi "et seducet gentes quae sunt super quattuor
angulos terrae, Gog et Magog,"²²⁷ ad quas utrum perveniat antea nomen
2635   Christi nescitur, "quorum est," inquit, "numerus sicut arena maris."²²⁸
Venient autem et circumdabunt ecclesiam, et universa castra laetantium
in maerorem convertent. Descendet autem ignis de coelo et consumet
eas, et diabolus qui seducet illas jactabitur in stagnum ignis, et sic veniet
consummatio.
2640   Sequetur enim calamitatem illa dies magni judicii. Resurgent mortuorum agmina statuenda coram judice Christo. Discernentur agni ab haedis
euntibus in ignem aeternum, agni vero in vitam aeternam. "Pascentur
autem agni," ut ait propheta, "juxta ordinem suum,"²²⁹ accipientes singuli propriam mercedem secundum suum laborem. Tunc apparebit gloria
2645   justorum manifesta fulgentium tamquam sol in regno Patris eorum, et
consummatis ad integrum muris Hierusalem, apparebit in oculis reproborum quasi sponsa circumamicta varietate, et ornata monilibus suis, et
regnabit ex hoc nunc, magis autem ex tunc et usque in saecula saeculorum.
Amen.
2650   Explicit Enchiridion abbatis Joachim super Apocalypsim.

2631 regum: regnum C   2633 enim: is B   2635 est *om*. C   2640 enim:
autem C; magni: magna C   2641 agmina: corpora C   2645 Patris: Patriae C
2650 Explicit ... Apocalypsim: Explicit Enchiridion super librum Apocalypsis B,
Explicit Enchiridion super librum Apocalypsis. Amen C

²²⁷ Apoc. 20:7.
²²⁸ Apoc. 20:7.
²²⁹ Isa. 5:17.

Glossary

Items are listed alphabetically according to the spelling found in the text of the *Enchiridion*. Biblical terms usually follow the Latin (Vulgate) spelling, for which an English (Douay) translation is given in parenthesis.

Aaron: founder of the Hebrew priesthood, brother of Moses (Exod. 4-12).

Abraham: Hebrew patriarch, father of Isaac and Ismael, grandfather of Jacob (Gen. 11-25).

Agareni (Agarenes or Agarites): a desert people defeated by Israel at the time of Saul (1 Par. 5:10, 19); the descendants of Hagar's son Ismael (Gen. 16); the Saracens.

Alemanni: a Germanic barbarian tribe.

Alexander (the Great): d. 323 BC, son and successor of Philip of Macedon, conquered the Persian Empire.

Alexandria: city of Egypt founded by Alexander the Great in 331 BC. Tradition credits St. Mark with introducing Christianity there.

Aman: an official of the Persian king Assuerus, who, out of hatred for the Jew Mardochai, planned to destroy all the Jews in the Persian empire (Est. 7:10).

Ambrosius (St. Ambrose): d. 397 AD, bishop of Milan and doctor of the Church.

Antichristus (Antichrist): the great adversary of God mentioned in 1 John 2:18, 22; 4:3; 2 John 7. A similar figure appears in Apoc. 11:7 and 13:1-10.

Antiochus: the name of several kings of the Seleucid dynasty, of whom four are mentioned in the Old Testament, but especially Antiochus IV Epiphanes (Dan. 11:25-30; 1 Mach. 1).

Aquileia: a city in northeastern Italy, located at the head of the Adriatic Sea.

Arius: d. 336 AD, author of the heresy which denied Christ's divine nature.

Arphaxat (Arphaxad): son of Shem (Gen 11:10-13); king of the Medes who founded Ecbatana (Judith 1:1, 5).

Artaxerxes: the name of three Persian kings. Artaxerxes I, d. 424 BC, permitted Esdras to return to Jerusalem (Esdr. 4:7, 7:1).

Assuerus (Xerxes): Persian king during whose reign (486-465 BC) the events of the Book of Esther are supposed to have taken place (Est. 1:1-10; 3).

Augustus: Roman emperor (27 BC - 14 AD).

Baal: a storm or fertility god (Num. 25:1; 1 Kings 18:19).

Babel: a great tower left unfinished because God confounded the speech of the builders (Gen. 11:1-9).

Balthasar: the last Chaldean king of Babylon before its overthrow by the Persians in 539 BC (Dan. 5, 7, 8); the Babylonian name for Daniel (Dan. 1:7; 2: 26).

Barnabas: an early Christian missionary associated with Paul (Acts 11:22; 13-15).

Baruch: secretary to Jeremias and author of a canonical book of Scripture in the Vulgate (Jer. 36).

Benedictus (St. Benedict of Nursia): d. *ca.* 547 AD, abbot and founder of Benedictine monasticism; author of a *Rule for Monks.*

Benjamin: youngest son of Jacob and Rachel and ancestor of one of the twelve tribes of Israel (Gen. 35:16-19).

Chaldaei (Chaldeans): a nation which, under Nebuchadnezzar, destroyed the Assyrian empire in 609 BC and was itself destroyed by the Persian Cyrus in 539 BC.

Chananaeus (Chanaanite): an inhabitant of the land lying between Syria and Egypt in which the Israelites eventually settled.

Constantinus (Constantine the Great): d. 337 AD, first Christian Roman Emperor.

Cyrus (the Great): d. 529 BC, founder of the Persian Empire, who permitted the Jews exiled in Babylon to return to Jerusalem in 538 BC (Isa. 45:1; 2 Par. 36:22; Esdr. 1:1-4).

Dan: son of Jacob and Bala, Rachel's maid, and one of the twelve tribes of Israel (Gen. 30:1-6); northernmost city in Israel.

Daniel: Hebrew exile in Babylon under king Nebuchadnezzar and protagonist of the book named for him.

Darius: "the Great," d. 486 BC, Persian king who permitted the rebuilding of the Jerusalem temple (Esdr. 4:5); "the Mede," who succeeded Balthasar as king of Babylon (Dan. 6:1-29).

David: d. *ca.* 972 BC, king of Juda and Israel (1 Kings 17 - 3 Kings 2).

Elias: fl. *ca.* 875 BC, Hebrew prophet who opposed king Achab and queen Jezebel and mysteriously ascended into heaven (3 Kings 17 - 4 Kings 2); his return was predicted (Mal. 4:4-6).

Enoch: son of Jared and father of Methuselah who was taken up to heaven (Gen. 5); the name of an apocryphal book of Scripture.

Ephesus: city of the western coast of Asia minor visited by St. Paul (Apoc. 2:1-7).

Ephraem (Ephraim): second son of Joseph and the Egyptian Asenath (Gen. 41:52); the tribe which, together with that of Manasses, composed the tribe of Joseph (Josh. 16).

Esdras: Hebrew priest and scribe who returned to Jerusalem from exile in Babylon (Esdr. 8:1-14).

Esther: Jewish queen of the Persian king Assuerus and heroine of the Biblical book named after her.

Ezechias: king of Judah (720?-?692 BC), who resisted the Assyrian king Sennacherib (4 Kings 18-20).

Ezechiel: prophet deported to Babylon in 597 BC who foretold the fall of Jerusalem to Nebuchadnezzar in 587 BC.

Filioque (and from the Son): words added to the Nicene Creed by the Latin Church which the Greek Church rejected.

Gad: son of Jacob and Leah's maid Selpha and ancestor of the tribe of Gad (Gen.30:9-11).

Galatae (Galatians): inhabitants of the province of Galatia in Asia Minor (Acts 13, 14).

Gog: one of the kings (together with Magog) who comes forth at the end of the millenium to fight against the people of God but who is destroyed by fire from heaven (Ezech. 38-39; Apoc. 20).

Gomorrha: a city by the Dead Sea destroyed by God because of its wickedness (Gen. 18:20, 19:24).

Gothus (Goth): member of a Germanic barbarian tribe.

Hagiographi: authors of the third part of the Jewish Scriptures called "the Writings."

Haran: a town in northern Mesopotamia from which Abraham began his migration to Chanaan (Gen. 11:31, 12:4).

Henricus: the name of seven Holy Roman Emperors, including Henry iv (1084-1105 AD), Henry v (1111-1125 AD), and Henry vi (1191-1197 AD), each of whom in turn occupied Rome.

Herodes: Herod the Great, d. 4 BC, known for his slaughter of the innocents at Bethlehem (Matt. 2:16-18); Herod Antipas, d. 39 AD, executed John the Baptist (Matt. 14:1-12).

Hieronymus (St. Jerome): d. 420 AD, author of the Latin Vulgate and doctor of the Church.

Holofernes: commander of the Assyrian army of Nebuchadnezzar (Judith 1:7-12, 2:4-6).

Hospitalarii: Knights Hospitaler; members of a military religious order established in the twelfth century.

Isaac: son of Abraham and Sara, father of Esau and Jacob by Rebecca (Gen. 21:1-7, 25:19-26).

Isaias: one of the greatest prophets of Israel and author of a book bearing his name (Isa. 6:1-13; 4 Kings 19, 20).

Jacob: son of Isaac and Rebecca, twin brother of Esau, husband of Rachel. His twelve sons were the ancestors of the twelve tribes of Israel, the new name he was given (Gen. 25:25, 28:10-22, 29:1-31).

Jeremias: d. *ca*. 585 BC, one of the four major prophets. After the fall of Jerusalem (586 BC), he was exiled in Egypt (Jer. 1, 11, 43, 44).

Joannes: St. John the Baptist, son of Zachary and Elizabeth, prophet and precursor of the Messiah (Luke 1); St. John the Evangelist, the favorite apostle of Jesus and author of a gospel and letters bearing his name, as well as the book of the Apocalypse (John 13:23; Apoc. 1:9).

Job: suffering hero of the book of Job.

Jordanes (Jordan): most important river in Palestine, flowing into the Dead Sea.

Josedech: a high-priest who lived during the reign of king Zedechia and died during the Babylonian exile (1 Par. 6:14; 1 Esdr. 3:2).

Joseph: favorite son of Jacob and Rachel, sold by his jealous brothers into slavery in Egypt, father of Manasses and Ephraim (Gen. 37-50).

Josue: son of Nun, successor of Moses in leading the Israelites into the land of Chanaan (Num. 13-14).

Juda (Judah): son of Jacob and Leah and ancestor of one of the twelve tribes of Israel; the kingdom established after the death of Solomon (932 BC) (Gen. 29:35).

Judas: Judas Iscariot, the betrayer of Jesus (Matt. 10:4); Judas Maccabeus, Jewish leader opposing king Antiochus Epiphanes (1 Mach. 9:13).

Judices (Judges): military leaders (e.g., Samson) of the Jews during times of trouble.

Judith: heroic Hebrew woman who freed her city from the Assyrian general, Holofernes (Judith 12:10-13).

Justinianus (Justinian the Great): d. 565 AD, Byzantine emperor.

Karolus (Charlemagne): d. 814 AD, king of the Franks and Western emperor.

Langobardi (Lombards); a Germanic tribe which invaded Italy in 568 AD.

Laodicia (Laodicea): the leading city of Phrygia in Asia Minor, whose Christian church was condemned in the Apocalypse for complacency (Apoc. 3:14-22).

Levi: son of Jacob and Leah, ancestor of one of the twelve tribes of Israel (Gen. 29:34).

Levitae (Levites): descendants of Levi dedicated to sanctuary service (Num. 8:5-22).

Lia (Leah): elder daughter of Laban, sister of Rachel, wife of Jacob, mother of Ruben, Simeon, Levi, Juda, Issachar, Zabulon, and Dina (Gen. 29, 30).

Lucas (St. Luke): the third Evangelist, a physician and native of Antioch (Col. 4:10-14), companion of Paul (Acts 16, 20, 27).

Macedonius: bishop of Constantinople (ca. 360 AD) accused (mistakenly) of denying the Holy Spirit's divinity.

Machabaei (Machabees): a family of Jewish patriots who led a Jewish revolt against the Seleucid kings of Syria in the second century BC (1 and 2 Mach.).

Magog: a people or land under the dominion of Gog (Ezek. 38:1-39) who will attack the church of Christ after the millenium (Apoc. 20:7-10).

Malachias: last of the Old Testament prophets who also predicted the coming of Elias before the judgment of God (Mal. 4:4-6).

Manasses: son of Joseph and brother of Ephraim (Gen. 41:50, 46:20) whose tribe was given territory in the north of the Promised Land (Ezek. 48:4; Apoc. 7:6); a king of Judah (4 Kings 20).

Marcus (St. Mark): author of the second Gospel, who, according to tradition, founded the church at Alexandria.

Matthaeus (St. Matthew): an apostle and author of the first Gospel.

Medus (Mede): a person belonging to a nation located in modern Iran. The Medes destroyed the Assyrian capital at Nineveh in 612 BC and were themselves overcome by the Persian king Cyrus in 550 BC (Dan. 5, 6).

Moyses (Moses): prophet, leader, and legislator of the Israelites (Exodus 1-40).

Nabuchodonosor (Nebuchadnezzar): the Chaldean king of Babylon (605-

562 BC) who captured Jerusalem in 586 BC and brought back captives to Babylon (4 Kings 24, 25), including Daniel (Dan. 1).

Nehemias: cupbearer at the Persian court of Susa under king Artaxerxes who was appointed governor of Judaea and allowed to rebuild the walls of Jerusalem (Neh. 1-2).

Nemrod: a hunter and founder of cities, including Babel (Gen. 10:6-10).

Nero: Roman emperor (54-68 AD) notorious for his cruelty.

Nicolaus: reputed founder of an heretical sect condemned for immorality and eating meat offered to idols (Acts 6:5; Apoc. 2:6, 15).

Noe (Noah): Hebrew patriarch and hero of the deluge story (Gen. 5-9).

Olivetum (mount of Olives): a hill a short distance opposite the east gate of Jerusalem (Luke 22:39; Acts 1:12).

Origen: d. *ca.* 254 AD, Christian theologian from Alexandria, suspected of heresy for his views on the Trinity and the final salvation of all persons.

Paracletus (Paracelete): the Holy Spirit whom Christ promised to send as aid and comfort to the apostles and his Church (John 14:16, 26).

Paulus (St. Paul): apostle to the Gentiles (Acts 7, 9, 21).

Pergamum: capital of Mysia in northwestern Asia Minor, condemned as idolatrous and immoral (Apoc. 2:12-17).

Petrus (St. Peter): apostle chosen to head the Church (Matt. 16:17).

Philadelphia: a city of Lydia in Asia Minor, praised for its faithful Christians (Apoc. 3:7-13).

Rachel: wife of Jacob, daughter of Laban, mother of Joseph and Benjamin (Gen. 29-30).

Ragau: an ancestor of Christ (Lk 3:35); the plain where Arphaxad was defeated (Judith 1:6).

Ravenna: city on the Adriatic and capital of Italy under the Byzantine empire.

Rebecca: wife of Isaac and mother of Esau and Jacob (Gen. 24:1-67; Rom. 9:10-14).

Ruben: son of Jacob and Leah whose tribe was given territory in the southern part of the Promised Land (Num. 32:33; Josh. 13:8; Apoc. 7:5).

Salomon (Solomon): son of David and Bathsheba who ruled Israel from 972-932 BC (3 Kings 1-11).

Samaria: the central part of the Holy Land, lying between Galilee and Judaea, sometimes designating the Northern Kingdom, sometimes the capital city (Amos 3:9; Acts 8:5).

Samson: a judge of Israel known for his physical strength and weakness for Delilah (Judg. 14-16).

Samuel: judge, priest, and prophet who anointed Saul and David as Israel's kings (1 Kings 1-25).

Saraceni (Saracens): Arab Muslims.

Sarah: wife of Abraham, mother of Isaac (Gen. 17:15-19).

Sardes (Sardis): capital of Lydia in western Asia Minor, whose Christian church was rebuked for lukewarmness (Apoc. 3:1-6).

Satanas (Satan): the adversary of God and man (Job 1:6; John 13:27).

Saul: first king of the Hebrews (1 Kings 10-31).

Scythae (Scythians): a nomadic, warlike people known for their cruelty (2 Mach. 4:47; Col. 3:11).

Simon (Magus): a magician converted by Philip who later, according to tradition, again confronted Peter and Paul in Rome (Acts 8:9-24).

Smyrna: seaport in western Asia Minor, whose Christian population was being persecuted (Apoc. 2:8-11).

Sodoma (Sodom): city near the Dead Sea notorious for its wickedness and its punishment (Gen. 13:11-13, 19:24).

Susa: city near the Persian Gulf where the Persian monarchs maintained a residence (Dan. 8:2; Est. 1:2-5).

Syria: a region north of the Holy Land whose capital was Antioch.

Templarii: Knights Templar; members of a military religious order founded about 1118 AD.

Teutonici: Teutonic Knights; members of a German military religious order founded about 1190 AD.

Thessalonicenses (Thessalonians): inhabitants of a port city in Macedonia to whose Christian community St. Paul wrote two letters.

Thyatira: a city in Lydia in northeastern Asia Minor, whose Christian church was praiseworthy, except for tolerating a false prophetess (Apoc. 2:18-29).

Tobias: the name of both father and son mentioned in the book of Tobias.

Trinitas (Trinity): the one Godhead in three Persons, Father, Son, and Holy Spirit.

Ur: a city of Mesopotamia near the mouth of the Euphrates river, from which Terah the father of Abraham migrated to Haran (Gen. 11:28, 31, 15:7).

Vandalii (Vandals): Germanic barbarian tribe.

Veneti: inhabitants of the region at the head of the Adriatic Sea near the city of Venice.

Zacharias (Zachary): father of St. John the Baptist (Luke 1:5); post-Exilic prophet ca. 520 BC (Zach. 1:1).

Zedechia (Sedecias): last king of Judah before Nebuchadnezzar's conquest (4 Kings 24; 2 Par. 36).

Zorobabel: Jewish governor of Judea under the Persian king Darius I (Esdr. 2, 3; Neh. 7, 12).

Bibliography

A. Joachim of Fiore

Manuscripts

Enchiridion super Apocalypsim
——. Pavia, Biblioteca Universitaria, ms Aldini 370, fols. 1r-79v.
——. Rome, Bibliotheca Vaticana, ms Reginensis latinus 132, fols. 58v-95r.
——. Paris, Bibliothèque Nationale, ms latin 2142, fols. 103v-133r.

Printed works

——. *Adversus Iudeos*. Ed. Arsenio Frugoni. Rome: Istituto storico, 1957.
——. *De articulis fidei*. Ed. Ernesto Buonaiuti. Rome: Tipografia del Senato, 1936.
——. *De septem sigillis*. Ed. Marjorie Reeves and Beatrice Hirsch-Reich. *Recherches de théologie ancienne et médiévale* 21 (1954) 239-247.
——. *De ultimis tribulationibus*. Ed. E. Randolph Daniel. In *Prophecy and Millenarianism*, ed. Ann Williams, pp. 165-189. Burnt Mill: Longman, 1980.
——. *De vita sancti Benedicti et de officio divino secundum eius doctrinam*. Ed. Cipriano Baraut. *Analecta sacra Tarraconensia* 24 (1951) 42-118.
——. *Enchiridion in Apocalypsim*. Ed. Johannes Huck. In *Joachim von Floris und die joachitische Literatur*, pp. 287-305. Freiburg i.B.: Herder, 1938.
——. *Expositio in Apocalypsim*. Venice: Bindoni & Pasyni, 1527. Reprint. Frankfurt a.M.: Minerva, 1964.
——. *Liber concordie novi ac veteris Testamenti*. Venice: de Luere, 1519. Reprint. Frankfurt a.M.: Minerva, 1964.
——. *Liber de Concordia Novi ac Veteris Testamenti*. Ed. E. Randolph Daniel. In *Transactions of the American Philosophical Society*, vol. 73, pt. 8. Philadelphia, 1983.
——. *Liber figurarum*. Ed. Leone Tondelli, Marjorie Reeves, and Beatrice Hirsch-Reich. In *Il libro delle Figure dell'Abate Gioacchino da Fiore*. 2nd ed. 2 vols. Turin: Società Editrice Internazionale, 1953.
——. *Psalterium decem chordarum*. Venice: Bindoni & Pasyni, 1527. Reprint. Frankfurt a.M.: Minerva, 1964.
——. *Tractatus super quatuor Evangelia*. Ed. Ernesto Buonaiuti. Rome: Tipografia del Senato, 1930.

B. Primary Sources

Acta Sanctorum, vol. 7 (May 29), "Joachimus Abbas."

Baraut, Cipriano. "Las antiguas biografías de Joaquín de Fiore y sus fuentes." *Analecta sacra Tarraconensia* 26 (1953) 195-232.

Benedict of Peterborough. *Gesta Regis Henrici secundi et Ricardi primi*. Ed. William Stubbs. In *Rolls Series*, vol. 49, pt. 2. London: 1867.

Coggeshall, Ralph. *Chronicon Anglicanum*. Ed. Joseph Stevenson. In *Rolls Series*, vol. 66. London, 1875.

Connelly, Ralph. *Hymns of the Roman Liturgy*. Westminster, Md.: Newman Press, 1957.

Denifle, Heinrich. "Das Evangelium aeternum und die Commission zu Anagni." In *Archiv für Literatur- und Kirchengeschichte des Mittelalters*, ed. Heinrich Denifle (Berlin, 1885), 1: 49-142.

Gratian. *Corpus iuris canonici, Decretum Gratiani*. PL 187.

Hoveden, Roger. *Cronica*. Ed. William Stubbs. In *Rolls Series*, vol. 51, pt. 3. London, 1870.

Robert of Auxerre. *Chronicon*. In *Monumenta Germaniae Historica: Scriptorum*, vol. 26. Hanover, 1882.

St. Jerome. *Commentaria in librum Judith*. PL 29.

——. *Commentaria in librum Tobiae*. PL 29.

C. Secondary Sources

Argellati, Filippo. *Bibliotheca scriptorum mediolanensium*. Milan: In aedibus palatinis, 1745.

Baraut, Cyprien. "Flore (San Giovanni)." In *Dictionnaire d'histoire et de géographie ecclésiastiques* 98: 513-515.

——. "Flore (Ordre de)." In *Dictionnaire d'histoire et de géographie ecclésiastiques* 98: 515-520.

——. "Joachim de Flore." In *Dictionnaire de spiritualité* 8: 1179-1202.

Bett, Henry. *Joachim of Flora*. London: Methuen, 1931.

Bibliothèque Nationale. Département des manuscrits. *Catalogue Général des Manuscrits Latins*. Paris: Bibliothèque Nationale, 1939-1940.

Bignami-Odier, Jeanne. "Notes sur deux manuscrits de la Bibliothèque du Vatican contenant des traités inédits de Joachim de Fiore." *Mélanges d'archéologie et d'histoire* 54 (1937) 211-241.

——. "Travaux récents sur Joachim de Flore." *Le Moyen Âge* 58 (1952) 145-161.

Bloomfield, Morton W. "Joachim of Flora: a Critical Survey of his Canon, Teachings, Sources, Biography, Influence." *Traditio* 13 (1957) 249-311.

——. "The Penetration of Joachimism into Northern Europe." *Speculum* 29 (1954) 772-793.

——. "Recent Scholarship on Joachim of Fiore and his Influence." In *Prophecy and Millenarianism*, ed. Ann Williams, pp. 21-52. Burnt Mill: Longman, 1980.

British Library. Department of Manuscripts. *A Catalogue of the Harleian Manuscripts in the British Museum.* London: Eyre & Strahan, 1808-1812. 4 vols.

Buonaiuti, Ernesto. "Gioacchino da Fiore." *Rivista storica Italiana* 48 (1931) 305-323.

———. *Gioacchino da Fiore: i tempi, la vita, il messagio.* Rome: Meridionale, 1931.

Crocco, Antonio. *Gioacchino da Fiore. La più singolare ed affascinante figura del medioevo cristiano.* 2nd ed. Naples: Liguori, 1976.

Daniel, E. Randolph. "Apocalyptic Conversion: the Joachite Alternative to the Crusades." *Traditio* 25 (1969) 127-154.

———. "A Re-examination of the Origins of Franciscan Joachitism." *Speculum* 43 (1968) 671-676.

de Lubac, Henri. "L'énigmatique actualité de Joachim de Fiore." *Revue de théologie et de philosophie* 3 (1979) 35-46.

———. *Exégèse médiévale: les quatre sens de l'Écriture.* 4 vols. Aubier: Montaigne, 1961.

de Marchi, Luigi. *Inventario dei manoscritti della R. Biblioteca Universitaria de Pavia.* Milan: Hoepli, 1894.

Di Napoli, Giovanni. "Gioacchino da Fiore: Teologia e Cristologia." *Aquinas* 23 (1980) 1-51.

Donckel, Emil. "Die Prophezeiung des Telesforus." *Archivum franciscanum historicum* 26 (1933) 29-104; 282-314.

Elliott, Edward Bishop. *Horae apocalypticae.* 5th ed. 4 vols. London: Seeley, 1862.

Foberti, Francesco. *Gioacchino da Fiore ed il Gioachismo antico e moderno.* Padua: Cedam, 1942.

———. "Nuovi studi su Gioacchino da Fiore." *Nuova rivista storica* 26 (1932) 609-619.

Fournier, Paul. *Joachim de Flore et ses doctrines.* Paris: Picard, 1909.

Grundmann, Herbert. "Kirchenfreiheit und Kaisermacht um 1190 in der Sicht Joachims von Fiore." *Deutsches Archiv für Erforschung des Mittelalters* 19 (1963) 353-396.

———. *Neue Forschungen über Joachim von Fiore.* Marburg: Simon, 1950.

———. "Die Papstprophetien des Mittelalters." *Archiv für Kulturgeschichte* 19 (1929) 77-138.

———. *Studien über Joachim von Floris.* Leipzig: Teubner, 1927. Reprint. Darmstadt: Wissenschaftliche Buchgesellschaft, 1966.

———. "Zur Biographie Joachims von Fiore und Rainero von Ponza." *Deutsches Archiv für Erforschung des Mittelalters* 16 (1960) 437-546.

Hirsch-Reich, Beatrice. "Eine Bibliographie über Joachim von Fiore und dessen Nachwirkung." *Recherches de théologie ancienne et médiévale* 24 (1957) 27-44.

———. "The Manuscripts of the *De septem sigillis.*" *Recherches de théologie ancienne et médiévale* 21 (1954) 231-239.

———. "Eine neue 'œuvre de synthèse' über Joachim von Fiore." *Recherches de théologie ancienne et médiévale* 26 (1959) 128-137.

Jamison, Evelyn. "Alliance of England and Sicily in the Second Half of the 12th Century." *Journal of the Warburg and Courtauld Institutes* 6 (1943) 20-32.

Kamlah, Wilhelm. *Apokalypse und Geschichtstheologie. Die mittelalterliche Auslegung der Apokalypse vor Joachim von Fiore.* Berlin: Ebering, 1935.

La Piana, G. "Joachim of Flora: a Critical Survey." *Speculum* 7 (1932) 257-282.

Lerner, Robert E. "Antichrists and Antichrist in Joachim of Fiore." *Speculum* 60 (1985) 553-570.

Manselli, Raoul. "Ricerche sull'influenza della profezia nel basso medioevo." *Bollettino dell'Istituto storico italiano per il medioevo e Archivio Muratoriano* 82 (1970) 1-157.

McGinn, Bernard. "The Abbot and the Doctors: Scholastic Reactions to the Radical Eschatology of Joachim of Fiore." *Church History* 40 (1971) 30-47.

———. *Apocalyptic Spirituality.* New York: Paulist Press, 1979.

———. "Apocalypticism in the Middle Ages: an Historiographical Sketch." *Mediaeval Studies* 37 (1975) 252-286.

———. "Joachim and the Sibyl." *Cîteaux* 24 (1973) 97-138.

———. *Visions of the End: Apocalyptic Traditions in the Middle Ages.* New York: Columbia University Press, 1979.

Mottu, Henry. *La manifestation de l'Esprit selon Joachim de Fiore.* Neuchâtel: Delachaux & Niestlé, 1977.

Natale, Francesco. *Avviamento allo studio del medio evo siciliano.* Florence: Felice Le Monnier, 1959.

Pickering, F. P. "Irrwege der mittelalterlichen Geschichtsschreibung." *Zeitschrift für deutsches Altertum und deutsche Literatur* 100 (1971) 270-296.

Reeves, Marjorie. "The Arbores of Joachim of Fiore." *Papers of the British School at Rome* 24 (1956) 124-136.

———. *The Influence of Prophecy in the Later Middle Ages: a Study in Joachimism.* Oxford: Clarendon Press, 1969.

———. *Joachim of Fiore and the Prophetic Future.* London: SPCK, 1976.

———. "Joachimist Expectations in the Order of Augustinian Hermits." *Recherches de théologie ancienne et médiévale* 25 (1958) 111-114.

———. "The *Liber Figurarum* of Joachim of Fiore." *Medieval and Renaissance Studies* 2 (1950) 57-81.

———. "The Originality and Influence of Joachim of Fiore." *Traditio* 36 (1980) 269-316.

———. "The Seven Seals in the Writings of Joachim of Fiore, with Special Reference to the Tract *De septem sigillis.*" *Recherches de théologie ancienne et médiévale* 21 (1954) 211-247.

Reeves, Marjorie, and Hirsch-Reich, Beatrice. *The Figurae of Joachim of Fiore.* Oxford: Clarendon Press, 1972.

———. "The *Figurae* of Joachim of Fiore. Genuine and Spurious Collections." *Medieval and Renaissance Studies* 3 (1954) 170-199.

Rotondi, Giuseppe. "Gioacchino de Fiore era *homo agricola?*" *Reale Istituto lombardo di scienze e lettere* 70:3 (1937) 211-214.

Russo, Francesco. *Bibliografia Gioachimita*. Florence: Olschki, 1954.

——. *Gioacchino da Fiore e le fondazioni florensi in Calabria*. Naples: Fiorentino, 1958.

——. "Intorno alla genuinità del 'liber figurarum' di Gioacchino da Fiore." *Miscellanea francescana* 42 (1942) 323-335.

——. "Il libro delle figure attribuito a Gioacchino da Fiore." *Miscellanea francescana* 41 (1941) 326-344.

——. "Rassegna bibliografica gioachimita (1958-1967)." *Citeaux* 19 (1968) 206-214.

Southern, Richard W. "Aspects of the European Tradition of Historical Writing." 3. "History as Prophecy." In *Transactions of the Royal Historical Society*, Ser. 5, 22 (1972) 159-180.

Spicq, P. C. *L'exégèse latine au moyen âge*. Paris: Vrin, 1944.

Stegmüller, Fridericus. *Repertorium Biblicum Medii Aevi*. Metz: Marina, 1951.

Thomas, Michael. "Zur kulturgeschichtlichen Einordnung Armenbibel mit 'Speculum humanae salvationis' unter Berucksichtigung einer Darstellung des 'Liber figurarum' in der Joachim de Fiore-Handschrift der sächsischen Landesbibliothek Dresden (Mscr. Dresden A 121)." *Archiv für Kulturgeschichte* 52 (1970) 192-225.

Töpfer, Bernhard. *Das kommende Reich des Friedens. Zur Entwicklung chiliastischer Zukunftshoffnung im hochmittelalter*. Berlin: Akademie, 1964.

Tondelli, Leone. "Gli inediti dell'abate Gioacchino da Fiore." *Archivio storico per la Calabria e la Lucania* 12 (1942) 1-12.

Toubert, Pierre. "Hérésies et réforme ecclésiastique en Italie au xie et au xiie siècles." *Revue des études italiennes* 8 (1961) 58-71.

——. "Histoire de l'Italie médiévale (xe-xiiie siècles)." *Revue historique* 234 (1965) 411-446; 235 (1966) 135-192.

Wendelborn, Gert. *Gott und Geschichte. Joachim von Fiore und die Hoffnung der Christenheit*. Leipzig: Koehler, 1974.

West, Delno C., ed. *Joachim of Fiore in Christian Thought. Essays on the Influence of the Calabrian Prophet*. New York: B. Franklin, 1975.

West, Delno C., and Zimdars-Swartz, Sandra. *Joachim of Fiore: A Study in Spiritual Perception and History*. Bloomington: Indiana University Press, 1983.

Williams, Ann, ed. *Prophecy and Millenarianism: Essays in Honour of Marjorie Reeves*. Burnt Mill: Longman, 1980.

Wilmart, Andreas. *Codices Reginenses Latini*. Vatican City: Bibliotheca Vaticana, 1937.

Wright, Cyril Ernest. *Fontes Harleiani*. London: British Museum, 1972.

Index of Biblical Citations

Scriptural citations follow the Douay/Vulgate version of the Bible. References are made to lines in the text of the *Enchiridion*.

OLD TESTAMENT

GENESIS

1: 27 1879
8: 8-12 1366
11: 1-9 1628
11: 27-32 1627
12: 1-2 1636
28: 10 2144
30: 25 2144
35: 18 2144

EXODUS

15: 17 1571, 1675
16 245
16: 16-22 684

LEVITICUS

25: 5 218
25: 20-22 266
25: 21 636
25: 22 643, 1772, 2543
26: 24 233

NUMBERS

18: 20 2410

JOSUE

3-5 690
5: 8 692
5: 12 734

JUDGES

13-16 178
14: 5-9 178
16: 4-31 178

2 KINGS

7: 11-13 276

3 KINGS

17: 3, 5 1348
18: 38 1489
19: 18 896

TOBIAS

13: 22 2335

JUDITH

2-13 338

PSALMS

21: 19 2240
23: 8 846
72: 25-26 2275
86: 5 2205
103: 31 1919
117: 24 1761
117: 26 388
117: 27 1595
125: 5-7 1655
132: 1 2020

CANTICLE OF CANTICLES

2: 11-13 1899

WISDOM

18: 14 1430

ISAIAS

2: 2-4 999
5: 17 2643
13 1018
19: 18 1976, 2346
44 1018
48: 22 2592

JEREMIAS

17: 19-27 1828
25: 15-16 953
25: 27, 29 958
50-51 1032

EZECHIEL

1: 16 90
4: 6 309
38-39 548, 1084
44: 28 2410

DANIEL

7 1105
7: 8 427
7: 23 1040, 1045
7: 23-25 982
7: 25 334, 396
7: 26 984
7: 26-27 535, 1052
8 1118
8: 9-10 283
8: 10 620
8: 24 215, 494, 606, 1371
9: 25 520, 1456
9: 26 543
11 548, 1174, 1745
12: 2 647, 674
12: 4 1208
12: 7 425
12: 9 1208

MICHEAS

4: 10 1652

ZACHARIAS

11: 15-17 1068
14: 5 1867

MALACHIAS

4: 5 1479
4: 5-6 1137

NEW TESTAMENT

MATTHEW

5: 8 704, 1147
10: 37 27
11: 15 966
15: 36 2079
16: 18 1357
16: 28 2468
17: 9 1224
17: 11 1486
19: 27 2279
22: 30 649
24: 3-4, 6-8 594

24: 9-13 602
24: 20 239
24: 21-22 555
24: 22 502
24: 29 578

MARK

1: 1-2 2136
8: 6 2079
9: 11 1486
13: 24 578
16: 15 1001

LUKE

1: 46-55 1551
3: 6 2032
9: 10-17 2119
10: 42 414, 745
12: 3 965
16: 16 2134
18: 22 2029
19: 10 2287
20: 36 649
21: 10 1009
21: 20-21 570
21: 25 581
21: 28 1757
24: 13-35 2114

JOHN

1: 9 1681
1: 16 464
1: 27 2164
3: 6 833
4: 37 2124
5: 17 807, 1187, 1273
6: 9, 13 2079
7: 37-38 108
16: 7 1150
16: 12-13 1282
19: 23 2237

ACTS OF THE APOSTLES

1: 1-2 2007
1: 3 2009
1: 5 700
2: 1-2 2013
6: 1 2439

ROMANS

6: 4 163
7: 6 167
8: 3-4 170
8: 17 1509
10: 4 2138
11: 25-26 1910

1 CORINTHIANS

13: 9-10 1285
15: 4 517

2 CORINTHIANS

3: 6 488
3: 17 1506

GALATIANS

4: 2 1341
4: 6 2226

1 THESSALONIANS

5: 3 617, 1011

2 THESSALONIANS

2: 4 613

HEBREWS

4: 9 1410
4: 10 1391

1 JOHN

5: 6 1488

APOCALYPSE

1: 3 124
2 2473
2, 3 2087
2-4 2552
3: 7 191
4: 4 2292
4: 7 2201
5-7 2554
5: 5 150, 2154
5: 6 2152
6 1194
6: 1-2 850
8-11 2555
10: 6-7 530
11: 1-2 902
11: 14 663
12-14 2557
12: 6 1347
13: 1 1105
13: 3 336
13: 3-4 1732
15-16 2559
16: 13-14 350

17: 1 1111, 2575
17: 3 1113
17: 9-10 431, 973
17: 10 622, 1081
17: 12 1105
17: 14 356
17: 16 1044
19: 1-3 1711
19: 11 325

19: 19 327, 359
20 548, 1084
20: 1-3 435
20: 2-8 1748
20: 6 422, 1743
20: 7 2634, 2635
21: 9 1861, 2576
21: 10-11 1863
21: 10-21 2323

Index of Names and Places

References are to lines in the text of the *Enchiridion* or to items listed in the Glossary (*Gl*).

Aaron: 837, 838, 1467, 1637, 1670, 2143n, *Gl*
Abraham: 1521, 1625, 1630n, 1644, 1880, 1883, *Gl*
Adam: 92, 1434
Aegyptus: 241, 808, 811, 814, 839, 852, 861, 880, 1194, 1419, 1420, 1421, 1436, 1442, 1461, 1462, 1512, 1539, 1638, 1975, 2345, 2420, 2607
Africa: 2606
Agareni: 878, 891, *Gl*
Alemanni: 1202, *Gl*
Alexander: 199, 438, 783, 1721, *Gl*
Alexandria: 2089, 2188, 2208, 2217, 2233, 2246, 2386, 2434, *Gl*
Aman: 339, 941, 1057, 1719, *Gl*
Ambrosius: 2166, *Gl*
Antichristus: 1890, *Gl*
Antiochia: 1930, 2090, 2186, 2205, 2215, 2232, 2246, 2385
Antiochus: 202, 295, 295n, 426, 438, 559, 652, 658, 664, 748, 794, 1072, 1080, 1097, 1119, 1181, 1203, 1733, *Gl*
Apollinaris: 2366
Aquileia: 2354, *Gl*
Arabes: 1930
Arius: 2217, 2220, *Gl*; Ariani: 1198, 2604
Arphaxat: 1025, 1026, *Gl*
Artaxerxes: 1677, 1703, *Gl*
Asia: 2607
Assuerus: 1056, *Gl*
Assyria: 274, 338, 559, 658, 877, 881, 883, 935, 1017, 1021, 1026, 1029, 1095, 1100, 1201, 1202, 1202n, 1717, 1722
Augustus Caesar: 1745, *Gl*

Baal: 896, *Gl*
Babel: 611, 625, 1628, *Gl*
Babylon: 323, 782, 783, 904, 905, 910, 912, 915, 920, 927, 958, 1017, 1022, 1026, 1030, 1031, 1033, 1041, 1517, 1541, 1552, 1676, 1692, 1722, 1845, 1845n, 1846, 2422, 2422n, 2448, 2575, 2583, 2586, 2590, 2598, 2598n, 2614, 2614n; nova: 789, 1020, 1518, 1575, 2627
Balthasar: 925, 1016, *Gl*
Barnabas: 840, 2315, *Gl*
Baruch: 934, *Gl*
Benedictus: 2502, *Gl*
Benjamin: 2144, *Gl*
Byzantinus: 2210, 2233

Carith: 1348
Chaldaei: 882, 910, 920, 929, 988, 1013, 1022, 1028, 1201, 1517, 1626, 1644, *Gl*
Chananeus: 839, 862, 1196, *Gl*
Civitas solis: 2346, 2347
Concordiae liber: 1248, 1821
Constantinopolis: 1931, 2089, 2191, 2194, 2248, 2387, 2435
Constantinus Augustus: 786, 2191, *Gl*
Cyrus: 906, 924, 940, 941, 1014, 1024, 1677, 1701, 1821, 1824, *Gl*

Daniel: 208, 268, 303, 332, 405, 407, 408, 437, 482, 516, 519, 546, 619, 623, 644, 670, 673, 960, 976, 1038, 1045, 1048, 1085, 1094, 1104, 1107, 1114, 1118, 1174, 1207, 1370, 1455, 2595, 2629, *Gl*
Darius: 925, 933, 1012, 1025, 1677, *Gl*
David: 191, 275, 524, 540, 1171, 1215, 2362, *Gl*
Diabolus: 434, 544, 547, 1177, 1426, 1750, 1848, 1849, 1850, 2585, 2631, 2638. *See* Satanas

Ecclesia: *see* Byzantina, Constantinopolitana, Romana, etc.
Elias: 781, 895, 1004, 1075, 1134, 1142, 1143, 1147, 1348, 1348n, 1428, 1467, 1478, 1484, 1488, 1491, 1491n, 1494, 1495, 1753, 2421, *Gl*
Enoch: 1467, *Gl*
Ephesus: 2385, 2478, *Gl*
Ephraem: 366, 450, 454, *Gl*
Esdras: 62, 92, 144, 199, 923, 1445, *Gl*

Esther: 67, 79, 339, 940, 944, 944n, 1053, *Gl*
Ezechias: 781, 782, 2421n, *Gl*
Ezechiel: 308, 545, 1083, *Gl*

Filius Dei: 109, 168, 418, 464, 665, 668, 763, 763n, 764, 765, 773, 1186, 1188, 1189, 1222, 1223, 1265, 1267, 1269, 1278, 1493, 1494, 1499, 1503, 1528, 2032, 2135, 2218, 2225, 2263, 2468; Filioque: 1497, *Gl*

Gad: 450, 2187, *Gl*
Galatae: 2440, *Gl*
Gog: 546, 563, 630, 656, 1002, 1004, 1074, 1080, 1082, 1167, 1464, 1747, 1747n, 1778, 1850, 2634, *Gl*
Gomorrha: *see* Sodoma
Gothus: 1200, *Gl*
Graecus: 371, 380, 448, 451, 873, 874, 959, 1097, 1101, 1197, 1199, 1320, 1324, 1333, 1342, 1358, 1363, 2437, 2438

Hagiographorum libri: 1451, *Gl*
Haran: 2143, 2143n, *Gl*
Hebraei: 68, 134, 387, 1410, 2622, 2622n
Henricus: 913, *Gl*
Herodes: 1463, 1743, 1750, 1754, 2449, *Gl*
Hieronymus: 68, *Gl*
Hierusalem: 519, 568, 596, 869, 914, 921, 997, 1091, 1180, 1726, 1747, 1869, 1915, 1915n, 1919, 1929, 2116, 2391, 2505n; Hierusalem nova: 912, 1313, 1575, 1578, 1845, 1855, 1863, 2317, 2577, 2584, 2586, 2609, 2614, 2630, 2646; Hierosolymitana ecclesia: 2090, 2185, 2197, 2385, 2401, 2417
Holofernes: 338, 938, 968, 984, 1031, 1717, *Gl*
Hospitalarii: 2392, *Gl*

Isaac: 1881, *Gl*
Isaias: 991, 1018, 2136, *Gl*
Israel: 237, 241, 688, 734, 801, 808, 814, 816, 842, 870, 885, 891, 895, 943, 943n, 950, 954, 986, 1024, 1195, 1196, 1198, 1200, 1419, 1421, 1442, 1511, 1568, 1638, 1672, 1716, 1881, 1894, 1909, 1910, 1915n, 2505, 2505n, 2624

Jacob: 184, 759, 779, 829, 835, 995, 1438, 1540, 2143, *Gl*
Jeremias: 934, 949, 1032, 1828, 2505, *Gl*

Joachim: 1, 1n, 2650
Joannes Baptista: 399, 696, 699, 712, 784, 798, 1005, 1005n, 1075, 1093, 1138, 1139, 1159, 1161, 1163, 1191, 1217, 1425, 1447, 1463, 1465, 1479, 1479n, 1483, 1487, 1490, 1494, 1496, 1521, 1754, 2128, 2132, 2133, 2140, 2146, 2158, 2423, 2424, 2509, *Gl*
Joannes Evangelista: 73, 111, 123, 147, 429, 437, 572, 621, 667, 785, 846, 846n, 900, 971, 974, 974n, 1042, 1081, 1083, 1106, 1108, 1112, 1115, 1182, 1487, 1519, 1742, 1748, 1860, 1861, 1865, 2016, 2175, 2181, 2183, 2198, 2299, 2305, 2322, 2472, 2487, 2596, 2604, *Gl*
Job: 66, 79, *Gl*
Jordanes: 448, 689, 694, 697, 698, 707, 852, *Gl*
Josedech: 1829, 1829n, *Gl*
Joseph: 366, 442, 470, 667, 855, 1435, 1539, 2143, 2434, *Gl*; vir Mariae: 1884
Josue: 688, 855, 1671, *Gl*
Juda: 149, 869, 869n, 881, 903, 928, 1197, 1198, 1198n, 1200, 1463, 1543, 1547, 1719, 1995, 2153, 2187, 2362, 2446, 2447, 2456, *Gl*
Judaea: 569, 869n; Judaei: 79, 79n, 216, 398, 452, 564, 580, 651, 659, 668, 678, 737, 814, 814n, 882, 928, 942, 1153, 1195, 1322, 1334, 1690, 1690n, 1720, 1885, 2105, 2407, 2602
Judas: 2214, *Gl*
Judices: 2420, *Gl*; Judicum liber: 63, 63n
Judith: 66, 80, 934, 968, 1055, *Gl*
Justinianus: 787, *Gl*

Karolus: 788, *Gl*

Langobardi: 1200, *Gl*
Laodicea: 2399, 2517, *Gl*
Latinus: 380, 448, 450, 873, 874, 913, 1199, 1350, 1358
Levi: 1440, 2408, *Gl*
Levitae: 2418, *Gl*
Leviticus: 2408, 2443
Lia: 228, *Gl*
Lucas: 74, 568, 572, 578, 2015, *Gl*

Macedo: 1721
Macedonius: 2212, 2218, 2222, *Gl*
Machabaei: 203, 417, 747, 1449, 1738, *Gl*
Magog: *see* Gog
Malachias: 1154, 1425, 1513, *Gl*
Manasses: 366, 368, 448, *Gl*

Marcus: 74, 575, 2015, 2134, *Gl*
Maria, mater Jesu: 1884, 1885, 1885n; soror Marthae: 413, 744
Matthaeus: 73, 575, 587, 2014, *Gl*
Medus: 919, 925, 926, 947, 958, 1012, 1016, 1018, 1046, 1722, *Gl*
Moyses: 143, 198, 779, 780, 815, 816, 820, 834, 837, 838, 841, 1420, 1438, 1444, 1462, 1466, 1482, 1486, 1494, 1496, 1569, 1637, 1670, 2098, 2442, *Gl*

Nabuchodonosor: 274, 558, 935, 1020, 1717, 1722, *Gl*
Nehemias: 1071, 2448, *Gl*
Nemrod: 610, *Gl*
Nero: 400, *Gl*
Nicolaus: 2215, 2220, *Gl*
Noe: 608, *Gl*

Oliveti mons: 588, *Gl*
Origen: 1352, 1352n, *Gl*

Paracletus: 1149, 1155, 2212, 2212n, *Gl*; *see* Spiritus sanctus
Pater, Deus: 109, 163, 163n, 224, 464, 538, 721, 772, 803, 806, 1187, 1189, 1265, 1267, 1269, 1272, 1275, 1278, 1486, 1493, 1493n, 1494, 1497, 1502, 1504, 1528, 1881, 1882, 1918, 2220, 2220n, 2226, 2579, 2645, 2645n
Paulus: 399, 614, 624, 840, 842, 2315, 2478, *Gl*
Pergamum: 2386, 2491, *Gl*
Persae: 877, 906, 920, 924, 924n, 947, 958, 989, 1025, 1046, 1200, 1678, 1821
Petrus: 399, 912, 2175, 2181, 2183, 2185, 2301, 2303, 2366, 2371, *Gl*
Philadelphia: 189, 2399, 2516, 2516n, *Gl*
Pontifex Romanus: 1915
Prophetarum libri: 1450

Rachel: 229, *Gl*
Ragau: 1027, *Gl*
Ravenna: 2365, *Gl*
Rebecca: 1881, *Gl*
Regum libri: 63, 923, 1448, 2421
Roma: 2192, 2195, 2195n, 2609; Romanus: 564, 1728, 1746, 1932, 2190, 2603; ecclesia Romana: 893, 899, 1197, 1355, 2089, 2091, 2187, 2195, 2195n, 2196, 2196n, 2209, 2233, 2249, 2347, 2354, 2357, 2360, 2361, 2387, 2608; *see* Babylon nova
Ruben: 449, 2186, 2402, 2433, 2439, *Gl*

Salomon: 278, 524, 538, 540, 667, 1119, 1170, *Gl*
Samaria: 883, 884, *Gl*
Samson: 175, *Gl*
Samuel: 780, *Gl*
Saraceni: 990, 1099, 1201, 2605, *Gl*
Sarah: 1880, 1885, *Gl*
Sardes: 2387, 2504, *Gl*
Sarephtena mulier: 1349
Satanas: 328, 434, 552, 627, 1167, 1777, 1777n, 2632 *Gl*; *see* Diabolus
Saul: 540, *Gl*
Scythae: 1932, *Gl*
Simon magus: 400, *Gl*
Sion: 996, 2204
Smyrna: 2386, 2485, *Gl*
Sodoma: 630, 1516, *Gl*
Spiritus sanctus: 7, 100, 105, 170, 171, 174, 177, 557, 666, 680, 700, 711, 732, 755, 763, 765, 772, 773, 832, 833, 1148, 1188, 1255, 1280, 1281, 1530, 1561, 1714, 2006, 2016, 2018, 2045, 2058, 2059, 2097, 2117, 2131, 2212n, 2219, 2222, 2223, 2225, 2251, 2261, 2269, 2318, 2341, 2341n, 2413, 2512, 2523, 2527, 2611; datio: 2053, 2055; dona: 175, 479, 708, 1166, 2269, 2318, 2341, 2341n; et Elias: 1142, 1488, 1495; et intellectus: 1241, 1246; et littera: 1323, 1423, 1430, 1478; et novitas: 164, 166, 180; et quintum tempus: 2010; et quintus ordo: 2051; et sabbatum: 1503, 1505, 1507, 1658; et tertius status: 465, 705, 705n, 1238; et testimonium: 69, 71; in tempore septimo: 270, 416, 513, 523; procedens a Patre Filioque: 109, 1492, 1496; vivificans: 487, 714; *see* Paraclitus
Susa: 1719, *Gl*
Syria: 876, 1931, 2607, *Gl*

Templarii: 2392, *Gl*
Teutonici: 911, 911n, *Gl*
Thessalonicenses: 614, *Gl*
Thyatira: 2387, 2492, *Gl*
Tobias: 66, 80, 2334, *Gl*
Trinitas: 467, 1522, 1527, 1534, 2316, *Gl*

Ur Chaldaeorum: 1626, 1644, *Gl*

Vandalii: 1200, *Gl*
Venetii: 2354, *Gl*

Zacharias: 1059, *Gl*
Zedechia: 2421, 2421n, *Gl*
Zorobabel: 1071, 1447, 1829, 2448, *Gl*

Subject Index

References are to lines in the text of the *Enchiridion*

Adventus Domini: 446, 589, 650, 655, 656, 1072, 1074, 1126, 1221, 1769, 1820, 1840, 1893, 1997; Spiritus sancti: 2016, 2051, 2161

Aetas: 647; sexta: 404, 440, 495, 504, 512, 749, 766, 1220, 1393, 1400, 1406, 1856; septima: 441, 511, 1226, 1311, 1316, 1403, 1776, 1870; octava: 1870; aetates quinque: 2076, 2083, 2095, 2101; sex: 1916; septem: 2076, 2085, 2095

Aeternus dies: 479, 1852; pontifex: 419; aeternum saeculum: 1318-1319; testamentum: 1562

Angelus sextus: 189, 389, 527, 662, 899, 971, 2147-2148; septimus: 528-529; Danielis: 644, 673, 976, 1104, 1207, 2629; Joannis: 1106; angeli septem: 1859, 1864, 1867-1868, 2552, 2558

Animalia quattuor: 848, 2198, 2202-2213, 2259-2260, 2288, 2292-2295

Apertiones libri: 99, 159, 181, 182, 188, 312, 390-391, 784-792, 847, 853, 1194-1205, 2553; sigilli primi: 812, 853, 867; sigilli secundi: 868; sigilli quarti: 879; sigilli sexti: 963; sigilli septimi: 609-610; *see* sigillum, signaculum

Bellum sextum: 1938; septimum: 201; bella: 129, 132, 432, 801, 861-879, 1721-1732, 1841, 1951, 2631; tyrannica: 198; Machabaeorum: 1738; *see* proelium

Concordia temporum: 2395-2402; testamenti novi et veteris: 70-83, 485-486, 650-657, 754-767, 778, 798, 821, 828, 834, 855, 1021, 1069-1084, 1253-1272, 1822-1829, 1967, 2080-2081, 2185-2187, 2395; trium statuum: 657-663, 768-777, 1089-1102, 1179-1208, 1225

Contemplatio: 229, 413, 1386, 1642, 2180, 2230, 2254, 2305-2306; ecclesia contemplativa: 1345, 2233, 2492; liber contemplativus: 2105-2106; ordo contemplativus: 2016, 2326, 2519-2520; sabbatum contemplativum: 1360-1361, 1380-1381, 1405; vita contemplativa: 743, 2177-2178; *see* vita activa

Definitio: 427-428, 778, 1520

Duplex aetas: 749; dies: 243, 320; intellectus: 1477; propositum: 2482; respectus: 748; sigillum: 196; significatio: 720; tempus: 319, 1533, 2548; Testamentum: 762; *see* geminus

Ecclesia contemplativa: 2233; generalis: 1843, 2234, 2249, 2504-2505, 2559; historica: 2233; moralis: 2233

Figura populi Hebraei: 134; figurae: 860, 1122

Geminus populus Christianus: 445; gemina pars sexta: 317, 1308, 1315, 1317; tribus Joseph: 366, 422, 470; geminum tempus tertium: 470; Testamentum novum: 455, 762; *see* duplex

Gesta mystica: 144, 245-255, 280; *see* verba mystica

Hebdomada sexta: 300-307, 374-377, 496, 560, 1086, 1088, 2156; septima: 500; octava: 2464-2465; hebdomadae sex: 475, 491; septem: 520-522, 1456, 2459; sexaginta duae: 1456; septuaginta duae: 290, 542; nativitatis, Paschae, Pentecostes, et quadragesimales: 737-739, 1397-1402, 1582-1624, 1786-1815, 2165; singulae: 737-739, 1397-1402

Historia: 219-220, 251, 579, 893, 1258, 1436; ecclesiastica: 1250; generalis et specialis: 58-96, 1969, 2098-2101; historialiter: 571; historice: 256; *see* ecclesia historica, liber historicus, sabbatum historicum, sensus historicus

Intellectus: 259, 1376, 1985, 2120; anago-
    gicus: 742; generalis et specialis: 1475;
    litteralis: 1238, 1323; plenus: 55; pri-
    mus et secundus: 1240-1247, 1470-
    1476, 2429-2434; spiritualis: 81, 152-
    153, 715, 1325; mysticus: 81, 1470-
    1471; spiritus: 2380-2381; superior:
    770, 2049; typicus: 1477; vitalis: 155
Intelligentia mystica: 219, 1411-1413

Liber historicus: 143, 934, 940, 1053,
    1971, 2040-2045

Ordo apostolicus: 2063, 2601; clericorum:
    2504-2505; diaconorum: 2246; docto-
    rum: 2064, 2604; generalis: 2350; here-
    mitarum: 2064; Leviticus: 2443; marty-
    rum: 2064, 2602; militum: 2587; mona-
    chorum: 2064-2065, 2502, 2515;
    novus: 1955, 2147; pastorum: 2245;
    sacerdotum: 2247; virginum: 2248,
    2605; sextus: 2145, 2515; septimus:
    1865, 2516, 2529
Ordines activi: 2253, 2498, 2526; contem-
    plativi: 2254, 2459, 2527; generales:
    2280, 2302-2309, 2349-2351, 2546;
    quattuor: 1840-1845, 2587-2589, 2601-
    2605; quinque: 1956, 1987, 2001,
    2021-2046, 2062-2075, 2171, 2253,
    2301, 2337, 2535, 2560; septem: 2038,
    2046, 2070, 2267, 2299, 2237-2338,
    2369, 2371, 2561-2563, 2573; sancto-
    rum: 1925; speciales: 1927, 2305

Pars sexta Apocalypsis: 317-319, 353-359,
    384, 442, 971, 1105, 1308-1319, 1344-
    1345, 1519, 1706-1707, 1773-1774
Partes Apocalypsis generales: 1297-1307,
    1923, 2545; sex: 137-139, 476, 639,
    1762-1779; septem: 1839-1851, 2043;
    octo: 1852-1871; speciales: 1923-1928,
    2547
Populus: 22, 28, 224-225, 291, 490, 945,
    1050, 1170, 1712; ante legem: 1524-
    1527; Arianus: 2604; Christianus: 445,
    447, 523, 531, 820, 840, 970, 1132,
    1160-1161, 1165, 2247, 2415; Dei: 793,
    804, 1410; gentium: 651; Graecus: 448,
    451, 873, 1199, 1333-1334; Hebraeus:
    134, 525, 564, 659, 838, 942, 1060-
    1061, 1153, 1909, 2407, 2410, 2449;
    Hierosolymitanus: 1929; Latinus: 450,
    873-874; Medorum: 1018; primus:

1384, 1950, 2419; secundi sabbati:
    1572; tertii status: 539; universus: 2119
Populi: 994, 997, 1037, 1122, 1947; duo:
    456; fideles: 804, 1329; sanctorum: 534,
    1050, 2629; speciales: 129; trium sta-
    tuum: 1526
Proelium 327, 846, 999; Christi et diaboli:
    547, 1177; generale: 1934-1937, 1946-
    1947
Proelia: 591; duo sexto tempori: 337-365;
    ecclesiastica: 131; Gog: 545; Israelitica:
    801; Machabaeorum: 417; quarto et
    quinto tempori: 876-884, 910-911;
    quattuor: 2582-2600; quinque: 1928-
    1933, 2626-2632; septem specialia: 185,
    419-420; see bellum
Proprietates: 769; proprie: 1507, 1816-
    1817, 1926, 1953, 2031, 2035, 2067,
    2327, 2541; proprius, 1268, 1877,
    1937, 1955, 2034, 2270, 2393, 2644

Rota: 60, 67, 84-96

Sabbatum aetatis sextae: 1400-1401; aetatis
    septimae: 1403, 1776; contemplatorum:
    1360-1361, 1380-1381, 1386, 1389,
    1405; diei septimi: 497; generale: 504,
    1774; hebdomadae sextae: 491, 1088;
    historicum: 1379, 1382-1383; morale:
    1380, 1384; quadragesimae: 1397; si-
    gilli septimi: 195-208, 609; status primi:
    1328; status tertii: 295-300, 1343, 1415;
    temporis tertii: 472; temporis sexti vel
    septimi: 235-245, 258, 310-314, 367,
    401, 561, 641, 677, 750-753, 1072,
    1394; typicum: 1380, 1391, 1409; vigi-
    liae: 497-498, 560-561, 797-800, 1367-
    1368, 1579-1624, 1790-1794, 1809-
    1821
Sabbata afflictionis et laetitiae: 1625-1704;
    ante legem et sub lege: 505, 1417-1428;
    genera: 1372-1446; Graecorum: 1320-
    1328, 1359; partium Apocalypsis:
    1762-1770; specialia: 1780-1789; tria:
    1429-1446, 1501-1519, 1537-1576
Sabbatismus: 793
Sabbatizare: 93, 716, 1331
Sacramentum: 9, 1126-1127, 1256-1257,
    1285, 1534, 1989
Scripturae canonicae: 68, 205, 1092, 1450,
    2320; mysticae: 204-215
Sensus corporis: 2172, 2179, 2308, 2337-
    2343, 2375; see virtus

Sensus Scripturae anagogicus: 742, 1404, 1523; historicus: 715-716; litteralis: 1238, 1323; mysticus: 715, 1831; spiritualis: 1325; typicus: 1477

Sigillum: 847; primum: 808, 851; sextum: 919; septimum: 609-610; sigilla duo: 311-312; sex: 198; septem: 185, 193, 861-889; sigillorum solutio: 181-182; see apertio, signaculum

Signaculum: 939; sextum: 209, 337, 962; septimum: 1069; sextum septimumque: 303, 2454; signacula: 130, 189, 865; sex: 197; septem: 146, 150, 192, 2154; see apertio, sigillum

Silentium: 403, 491-492, 798, 816, 1429-1432, 1452-1453, 1501-1509

Status novus: 2148; primus: 464, 774, 1181, 1186, 1242, 1328, 1521, 1906-1907, 2146-2147, 2419, 2430, 2451, 2524, 2541-2542; secundus: 464, 474-477, 482-483, 495-496, 499, 522, 549, 556, 774, 1079, 1092-1093, 1130, 1185-1186, 1191-1192, 1205, 1221, 1234, 1241, 1247, 1329, 1336, 1342, 1470-1471, 1521, 1816, 1818, 1906, 2067-2069, 2110, 2127, 2431, 2509, 2524, 2541-2542; tertius: 296, 464, 478, 499, 507, 510, 538-539, 705, 774, 1082, 1089-1090, 1094, 1131, 1179, 1185, 1225-1226, 1233, 1242, 1287, 1343, 1403-1404, 1415, 1471, 1473-1474, 1521, 1737, 1740, 1769-1770, 1781-1782, 1817, 1908, 2069, 2127, 2145, 2508-2509, 2542

Status duo: 2109; tres: 462, 657-658, 768, 775-776, 799, 1078, 1183, 1520, 1537, 2402, 2524

Tempus 6, 16, 222, 272, 305, 334, 340, 395, 424, 453, 528, 604, 836, 981, 2077; acceptabile: 1333; afflictionis: 306, 797, 908, 1369, 1625, 1627; ante legem: 465, 469-470, 1483, 1510-1511; Assyriorum: 1096; Babylonis: 1033; breve: 431, 622; captionis: 1751; captivitatis: 1825-1826; dominicum: 1670; duodecim tribuum: 2445; ecclesiae orientalis: 891, 893; ecclesiae primativae: 562-563, 571, 711; Eliae: 1495, 2421; Esdrae: 1445; extremum: 543, 654, 1745-1746; gaudii: 298, 1665; incarnationis: 2462; intellectus: 1245; Joannis Baptistae: 1483; Judaeorum:

737, 932; Judicum: 2420; legis et gratiae: 462, 1532; libertatis: 1677; martyrum: 2486; Moysi: 198, 1420, 1438, 1444, 1483; mysteriorum: 1227; nativitatis et resurrectionis: 1089; novum: 730; nuptiarum: 21-22, 35; opportunum: 1550; ordinum: 1926, 2588-2589; pacis: 502; Paschale: 477, 509, 562, 1791, 1811, 1814; plenitudinis gentium: 508; praefinitum: 1341; praesens: 879; proelii: 185; proximum: 550, 671, 962, 1833; putationis: 1896; quadragesimale: 475; regis undecimi: 1889; Regum: 2420-2421; sabbati: 206, 401, 609, 1398, 1426, 1445, 1559, 1776; Saracenorum: 1098-1099; seminis: 318-319; silentii: 1452, 1510; solemne: 1705; sub gratia: 469, 1484, 1532; sub lege: 508, 1483-1484, 1513; templi restituti: 1070; revelationis: 1230; spirituale: 1235-1236; vigilae: 1831

Tempus apertionis primae: 812; quartae: 878-879; sextae: 790-791

Tempus primum: 1328, 1841, 2395, 2601; tertium: 468-469; quartum: 2495; quintum: 910, 2111-2112, 2452, 2501, 2571, 2599; sextum: 208, 235, 245-248, 258, 260-261, 268-269, 304, 312, 318, 360, 367, 390, 397, 402, 404, 482, 496, 521, 559, 615, 640, 675-676, 681, 916-917, 974, 1006, 1011-1012, 1035, 1103-1105, 1108-1109, 1115, 1305-1307, 1393, 1515, 1846, 2113, 2120, 2122, 2144-2145, 2150, 2158, 2160, 2393-2394, 2411, 2453, 2461-2462, 2471, 2517, 2536, 2549, 2575, 2577, 2627; septimum: 201, 231, 249, 252, 415-416, 498, 561, 653-654, 677, 751, 1069, 1305, 1869, 2126-2127, 2141, 2155, 2159, 2160, 2164; octavum: 518, 650, 670, 679, 718, 727, 2462, 2471

Tempus sigilli primi: 778-779, 808, 861-862, 864; secundi: 779, 865; tertii: 780, 869, 872; quarti: 781, 876; quinti: 782, 880; sexti: 782, 919, 962; septimi: 783

Tempus status secundi: 474, 1206, 1209, 1329; tertii: 478, 507, 705, 1287, 1403-1404, 1521-1522, 1737, 1781-1782, 1817

Tempora: 272, 334, 395-396, 424, 604, 981, 1852, 2123; aetatis sextae: 1393; aetatis septimae: 511; beata: 2168: chronicaria: 1441; filiorum: 824; juniora:

373; novi Testamenti: 1823; praeterita: 1559

Tempora duo: 310, 766, 1309, 1318, 2068; quattuor: 2111; quinque: 2067, 2110, 2447, 2454-2455, 2460, 2524, 2535, 2540, 2546, 2616, 2626; sex: 200, 221, 224, 231, 254, 476, 1394, 1400, 1769, 2126, 2547; septem: 522, 1820, 1823, 1825, 1840, 2455

Temporis dimidium: 272, 334, 396, 425, 604-605, 982; temporum angustia: 290; computatio: 1437; concordia: 1253; cursus: 4-5, 132, 137, 321, 759, 1433, 1472; exordium: 144; intervallis: 1395-1396

Testamentum novum et aeternum: 1562

Tribulatio: 554; prima: 482-483, 1461; secunda: 295-300, 489; sexta: 368-369, 383, 390, 393, 608, 615, 664-665, 793; Israelis: 1716-1720; praesens: 342; ultima: 567, 574, 577, 581, 586, 597, 629-630, 794, 1073, 1179; tribulationes duae: 302

Typus: 438, 538, 546, 696, 835, 1493, 2357; typicus: 1380, 1391, 1409, 1477, 1523, 2232

Verba mystica: 1498-1500, 1673; see gesta mystica

Vigilia nativitatis: 1660; Paschae: 497-498, 561, 797, 1682, 1830-1831; Pentecostes: 477-478, 544, 2166; vigiliae: 1581, 1602-1608, 1795-1821

Virtus: 1708, 2072, 2261, 2377, 2397; Christi: 823; humilitatis: 2221; sancti Spiritus: 116, 177; virtutes: 728; septem: 1983, 2172-2173, 2180, 2308, 2376-2377; see sensus

Visiones 526, 582-583, 1223, 1871; Danielis: 268-297, 405-437, 515-520, 531, 537, 546, 549, 619, 645, 670, 960-961, 1048, 1099, 1124, 1174

Vita activa: 1140-1141, 1385, 2253; see contemplatio